マイケル・エリック・ダイソン著　屋代通子訳

pride

プライド

アメリカ社会と黒人

築地書館

Pride The Seven Deadly Sins
by Michael Eric Dyson

This translation published by arrangement with Oxford University Press

Translated by Michiko Yashiro
Published in Japan by Tsukiji Shokan Publishing Co., Ltd.

わたしに、そして世界中の人々に、プライドについて多くを教えてくれた
大切な四人の友人たちに

ジェシー・ルイス・ジャクソン

偉大なる宗教指導者であり、説教の達人
わたしをふくめた多くの人に、
「わたしは重要な存在……
わたしは誇りを持っていい……
わたしは尊敬されていい」と教えてくれた

アレサ・フランクリン

ソウルの女王にしてスピリチュアルの天才
わたしをふくめた多くの人に、わたしたちも堂々と「尊重しろ」と要求していいこと、
そして唄っていいことを教えてくれた
「わたしには生き抜こうとする強い意志がある
もっと深い愛がある……
わたしのなかの深い愛
それをわたしは『プライド』と呼ぶ」

スティーヴィー・ワンダー

言葉の魔術師にして、演奏の達人
わたしをふくめた多くの人に、
「この世界はすべての人のために……
赤ん坊も／子どもたちも
どんな肌の色の人も
あらゆる人種も

すべての人のために」あると教えてくれた

ジョニー・L・コクラン（一九三七―二〇〇五）
伝説の弁護士にして、修辞の天才
わたしをふくめた多くの人に、
「奴隷制によって奪われた自負」を取り戻すすべを伝えてくれた

そしてもうひとり、
ジョン・H・ジョンソン（一九一八―二〇〇五）
メディアの大御所であり、起業の達人
わたしをふくめた多くの人に、
雑誌『エボニー』や『ジェット』で、
「自分たちの歴史を明かし、
アメリカや世界のために成し遂げてきたことを明らかにして、
自負《プライド》を持っていいこと」を教えてくれた

もくじ

本書は、ニューヨーク公共図書館とオックスフォード大学出版局による
キリスト教「7つの大罪」についての講演企画のうち、『高慢』の翻訳版である。

本編に入る前に……

オックスフォード大学出版局とニューヨーク公共図書館から、七つの大罪をテーマにする依頼を受けたとき、わたしは即座に、自分が語り、書くとしたら「高慢／自負《プライド》」だと思った。おそらく多少の見栄があったと思う。

わたしはそれまで何年ものあいだ、いろいろな形のプライドについて考え、文章でも取り上げたりしていたので、自分ならこのテーマと向き合えるような気がしていたのだ。それに、わたしはお世話になった先生たちに恩返しもしたかった。

特に五年生のときに教わったジェイムズ先生は、黒人が成し遂げたことにプライドを持っていいんだと、はじめて教えてくれた。七年生のときの英語の先生だったバーデット先生は、弁論に自信《プライド》を持っていいとわたしを褒め、励ましてくれた。

そのほかにも、ハーヴェイ先生、リード先生、ウィリアムズ先生、スチュワート先生、クリック先生、サットン先生、ブラック先生など、けっして大仰に宣伝も報道もされないけれども、生徒たちの人生に大きな影響をもたらした先生方が大勢いる。

わたしが選んだのは、七つの大罪のうちでももっとも重大な罪である。これを選んだのは、プライドへの取り組みをもっと深めたかったからでもある。単に哲学や宗教の概念としてのプライドではなく、むしろ人種や国家としてのプライドとは何かを深く洞察してみたかった。

わたしが育った文化は、そもそものはじめから、その独自性を確保するのに苦闘していた。悪意に満ちた攻撃から身を守りつつも、みずからのもっともよい姿を歴史のキャンバスに映そうとするのだが、そのキャンバスは紋切り型であり、わたしたちの美徳をことさらに無視する態度によってあらかじめ汚されてしまっている。

わたしは生まれたときから、黒人社会の宗教的伝統を存分に謳歌していた。それは批判的な愛国主義であり、相違する意見があり、真実が語られる国を愛することだ。たしかに、非国民と呼ばれる危険はある。だがそれを言うなら、わたしたちが人間として不十分で、満足なアメリカ人になれないという言い分も、あまりにも残酷なまでによく聞かれる。

白人のプライド、国民としてのゆるぎないそのプライドと彼らの犠牲者については、シモーヌ・ヴェイユの権勢についての言葉が参考になる。

「強い者はけっして鉄壁に強くはなく、弱い者はけっして鉄壁に弱くはない。運命から権勢を借りている者は、それに依存するあまりに破滅する。権勢は、権勢を持つ（または持っていると思っている）者にも、その犠牲者にも等しく容赦ない。権勢は犠牲者を押しつぶし、所有者の正気を失わせる」


わたしが若い頃には、黒人のミュージシャンや詩人たちが、自尊や自己決定を求める苦闘に言葉を与えていた。

「アイム・ソー・プラウド」といったラヴソングを書いていたカーティス・メイフィールドは、「ウィーアー・ア・ウィナー」で黒人を勇気づけ、「きみたちの指導者が言うように」「進み続けろ」と唄った。「おれの目に見えているのは、巨大な石の壁、おれの前にそびえている／だがおれにはプライドがある、だからおれは進み続け、押し続ける」。

また、アレサ・フランクリンは類稀な声に堂々と気品あふれる姿でわたしたちの魂を揺さぶり、誇りを持て、自分を重んじよと訴えた。その後もスティーヴィー・ワンダーのシンフォニーのようなソウルが、わたしたちの歴史をつくりながら、見過ごしにされてきた人たちを、誇りを持って思い起こせと伝えてきた。

教会の説教壇から、政治の世界から、法廷から、同じ理想を叫んだ弁舌家たちもいた。ジェシー・ルイス・ジャクソンは記憶に残る雄弁さで、けれどもいたって簡潔に、「わたしは価値ある人間である」と熱を込めて炎のように宣言し、抵抗と自己肯定の精神を呼びさました。自由という夢を現実のものとするために、彼は四〇年以上も前から闘い続けてきたのだ。

また亡きジョニー・L・コクランは、高名なクライアントや悪名高きクライアント（訳註：その好例がO・J・シンプソン）のみならず、力のない人々、無名の人々を守るために司法制度の枠組みのなかで精力的に働き、法廷の壁をはるかに越えて、わたしたちの声を代弁する格調高い弁論を行った。そしてもうひとり、故ジョン・H・ジョンソンは『エボニー』や『ジェット』といった雑誌の出版を通じて、アメリカや世界中の黒人のイメージを変えた。ジョンソン氏はまた、黒人の英雄やチャンピオン、指導者、芸能人、スポーツマン、教育者、改革者、革命家、殉教者の事例をこれでもかとばかりに黒人読者たちに読ませ続け、彼らの意識をも変えたのだった。

この五人の巨人たちに、わたしは敬愛を込めてこの本を捧げたい。そして取り組んできた仕事に抱いていた彼らの誇り《プライド》に、また、自分自身に誇り《プライド》を持っている何百万という人々にも。

このエッセイと、本作をふくむシリーズは、オックスフォード大学出版局の編集者エルダ・ローターと、ニューヨーク公共図書館のベッツィ・ブラドリーの存在がなければ実現しなかった。それぞれの職場で果たしている務めに、おおいに誇りを持っているふたりだ。ふたりには感謝に堪えないが、特にエルダのことはとても誇りに思う。編集者としても、彼女は見る間に出世していき、その才能に見合う賞賛を受けていたが、わたしのこの作品に対しても、進むにつれて的確な助言を与え、考えの筋道を明確にしてくれた。またキャサリン・ハンフリーズとメアリー・サザーランドの編集上のアドバイスにも感謝している。調査を手伝ってくれたポール・ファーバーにもお礼を申し上げたい。母アディ・メイ・ダイソン、兄弟たちアンソニー、エヴァレット（神がお導きくださり、護り、強くしてくださるように）、グレゴリー、ブライアン、そして姪や甥たちにも感謝している。それから息子マイケル・エリック・ダイソンⅡ世。わたしがおおいに誇りとする彼はいま、大人になり、天職につくという難関に立ち向かっている。またムワタ、マイシャ、コリー、そしてもちろんマルシアも――あなたたちの知性の、そして精神の豊かさがいましも世界に向けて輝きだそうとしていることを、わたしは心から誇らしく思っている。

第1章
さまざまな『プライド』

七つの大罪のうちで、そもそも罪なのかどうかという議論をいちばん呼びそうなのがプライドだ。つまるところ、自負心《プライド》というものがなければ、自分が努力を傾けている分野において何かを成し遂げたり、わざを磨き続けようと努めたりすることなどできはしないだろう。

スポーツの世界では、プライドこそ間違いなく果敢な行動の源泉になる。でなければ、マイケル・ジョーダンが三度もNBAチャンピオンに輝いたあとでまたバスケットボールコートに戻ってくる理由がない。たしかに、熟練した世界を離れ大リーグに挑戦したものの、挫折したことで、スポーツマンとしてのジョーダンのプライドは傷ついた。しかし、彼はファンが思うよりずっと偉大なスポーツマンだったことを証明して見せたのだ——少年時代からの夢だった、真夏の男《大リーガー》になるというプライドをかなぐり捨てた、そのときに。

ただプライドを美徳であると考えるとしても、ジョーダンの例からも明らかなように、プライドにはさまざまな側面があり、そのうちのいくつかは対立している。プライドはジョーダンをバスケットに帰らせたが、もともと彼をバスケットから去らせたのもプライドだった。もしプライドが罪だとすれば、それがごく普通の罪でないのは間違いない。

仮にプライドが悩みの種になるとして、問題はそれだけだろうか。たとえば高潔な人間を定義しようとするとき、一般に罪であるとされるプライドが、その高潔な人物の欠かせない美質であるような場合はどうするのか。哲学者のローレンス・ベッカーが言うように、「もし有徳の人物が実際に悪徳な人物よりも立派だとして、立派であると知っていることが高潔さの一部をなしているとするならば、高慢《プライド》がある程度は美徳の一部に組み込まれる必要があるのではないか」。

少なくともこの場合は、謙遜は必ずしも美徳ではないし、高慢であることそれ自体が、すなわち単純に不徳であるともいえない。ごく当たり前の道徳的な行動というものを現実的に見て考えると、罪――あるいはその反対――の定義はかなり入り組んだものになる必要があるのではないだろうか。難しい事例であればあるほど、美徳と悪徳についてのわれわれの考え方が厳しく精査できることは否定できない。だが人種や宗教、ナショナリズムといった難しい問題であっても、あるいはいい結果よりも害のほうがありそうな場合であっても、プライドは単純には語れない。

プライドだけでなく、そのほかのいわゆる大罪は、概念としてすたれてしまったとは言い切れないかもしれないが、消滅しかかっていることはたしかだ。ＢＢＣによる最近の調査では、イギリス国民の多くが「七つの大罪はいまの自分の生活に関係があるとは思えず、もっと時代に合うように変えるべきだと考えている」そうだ。

この調査からわかるのは、かつて人々に影響力を持っていた七つの大罪――憤怒、暴食、怠慢、嫉妬、高慢、色欲、強欲――は、もはやかつてのような力を失っていて、「現代の倫理の本質をとらえた」「現代社会におけるタブーの新しいリスト」に置き換えられるべきだと考えられているということだ。新しいリストに入るのは、まず残虐行為、不倫、偏狭、不実、偽善、強欲（もとの原罪のうちの唯一の生き残り）、利己主義となる。

スコットランド・カトリック教会は、イギリスの大衆が考える現代の罪に心を動かされてはいない。この新しいリストは、きわめて相対的なものだと教会スポークスマンは言っている。

「新しいリストは、大もとのリストから生まれたなかなか興味深い改訂版ではあるが、人々に罪の概念を伝えるという役割は、まったく完全に消え失せてしまった。スコットランドは相対主義的な道徳観に席捲されており、多くの人々が、生活のなかで、もはや善や悪の判断を重視しないところまできてしまっている。大切なことは、現代における罪を並べたてるよりも、まず罪という概念をもういちど取り戻し、道徳的に善とされることと悪とされることがあるという事実を再確認することである」。スコットランド教会の教義委員であるピーター・ドナルドが指摘する新旧リストの相違点は、教会が目新しいリストに抵抗を示す理由をうかがわせる。「現代版・大罪の最初の三つが、周囲の人に影響を及ぼすような行為を戒めているところが興味深いと思います。もともとの七つの大罪は、主として神の怒りを買う行為を戒めるものでした。もちろん、新しい大罪が神を怒らせないとは申しませんが、こちらは主として人間的な道徳観念を反映したものになっています」

スコットランドの教会関係者が、新しい罪のリストは相対的で人間的だと批判するのは驚くようなことではないが、いささか失望させられる。わたし個人としては、古典的な大罪は一四〇〇年あまり経ったいまも意義を失ってはいないと考えているが、イギリスの人々が罪のリストを時代に合わせて改訂しようとしたのは、罪の概念をもっと自分たちの日常に引きつけて考えたい、倫理の迷宮のなかにその意味を見失ってしまいたくないという真摯な願いの表れだと思う。人々がいまもって罪という考えと向き合おうとしていることを、喜ばしく思うのだ。多くの宗教が提示している地獄の業火を恐れるという意味ではなく、他者や神への道徳的義務を行動で示すという意味において。

もちろん表面的には、神は見えなくなっているかもしれないが、学校でするお祈りと同じで、よい行いをしようとするとき、常に神が公式に臨席している必要はない。それにわたしのなかに息づいている宗教的伝統が親しんできた聖句にも、こうある。

「『神を愛している』と言いながら兄弟を憎む者がいれば、それは偽り者です。目に見える兄弟を愛さない者は、目に見えない神を愛することができません。神を愛する人は、兄弟をも愛すべきです。これが、神から受けた掟です」

——ヨハネの手紙 一、四章二〇—二一節
このように、罪を定義し、克服する上で人間という存在をどう取り扱うかは、キリスト教の綱領という橋をなしている板のうちで、非常に決定的な一枚なのである。神に喜んでもらおうとする行為が、その神が愛している人間への影響をまったく無視したものであるとすれば、全能者たる神の名を持ち出さずに、実質的に「神の王国」を実現する助けになるような道徳観と、どちらが有害だといえるだろうか。グローバリズムの現代にあっては、神といえども、現世に正義や真実、善をもたらす仕事を、宗教とは無関係でも、やる気のある人々に喜んで外注しようとするのではないだろうか。古くからある大罪を犯さないように生真面目に守り続けたとしても、人種偏見や偽善、企業の不正行為などに関心を払わないとしたら、現代を生き、善行を行うための導きや教えを求めている人にとっては、そんな大罪のリストなど、ものの役に立たないではないか。

一方アメリカでは、ある新聞の報道によれば、少なくともポップカルチャーの世界では、七つの大罪が「にわかに注目の的になっている」そうだ。「MTVの人気番組『ロード・ルールズ』では、出演者たちに、意地悪な仕掛けで障害があちこちに用意された行程を進んでいくという難題が課され、本来ならまっすぐな狭き道を歩こうとする善良な魂でさえ、道を誤らせられることがある」し、「ブロードウェイのソプラノ歌手オードラ・マクドナルドが、さまざまな禁じられた行いを唄ったシリーズでカーネギー・ホール・デビューを飾った」り、「ケーブルテレビのHBOでは、もうひとりのソプラノ――トニー・ソプラーノ（訳註：HBOが放送している「ソプラーノ一家」という架空のマフィア一族を描いた人気ドラマシリーズで、ソプラーノ一族の家長）がプライドという恐ろしい悪徳に染まっている姿を、日々、目にすることができる」。

記事では七つの大罪のすべてが取り上げられているが、いちばん最初にきているのは、神学の伝統にならって虚栄、つまり「高慢《プライド》の一形態で、『すべての罪の源』」である。だが「わたしたちに言わせれば虚栄はいたって健康的」なことで、たっぷり浸かれば、「壁の鏡に見たこともないほど美しいあなたが映る」とスパの活用をすすめている。

このように、プライドをはじめ七つの大罪を軽んじる表現がある一方、多くの人はいまだに、道徳観念を「文化の健全さの尺度」と見ているようだ。サイコセラピストのフィリップ・チャードはプライドについて、「何にでも資格と権利を欲しがる国民的な悪癖と、自己責任論的な生き方があいまって、わたしたちは自分のことで頭がいっぱいになっている」と言っている。わたしたちの社会は「ナルシシストと独善家と甘やかされた子どもに苦しめられて」いて、「不吉なことに、歴史上、個人としてまた集団として過剰なまでのプライドを持つことは、多くの偉大な帝国が崩壊する前触れだった」と彼は言う。自分の魅力にうっとりする輩をからかうにせよ、あるいは個人や国家が傲慢さを持ちすぎることに警告を発するにしろ、プライドはけっしてその有効性を使い果たしてはいないのだ。

語法上、プライドという言葉は驚くほど柔軟な使い方ができる。感情的にも、道徳的にも、また知的にも、実に幅広い状況に当てはめられる。たとえば人は、プライドを――失う、傷つけられる、取り戻す。単純なプライド、愚かしいプライド、長く続くプライド、損なわれたプライド、父としてのプライド、母親らしいプライド、正当なプライド、などなどを感じる。何かにプライドを持ったり、何かのプライドを持ったり、何かのためにプライドを持ったりする。またプライドが何か別のものと結びつくこともある。プライドと喜びとか、プライドと悲しみとか。プライドに輝くこともあれば、プライドが欠けていたり、十分だったりすることもある。またプライドの所在を表す徴《しるし》——徽章《きしょう》やマーク、サイン、あるいは伝説などもある。

プライドには、尊大、虚栄、傲慢といった負の意味の同義語があり、自尊や自己肯定、威厳といった肯定的な意味の同義語もある（原註：自尊と自己肯定の意味について、わたしは哲学者のミシェル・M・ムーディ＝アダムスの区別にならっている。ジョン・ロールズはこのふたつを混同しているとムーディ＝アダムスは指摘している。「ロールズは『人が感じる自分自身の価値』と『人が自分をよいと感じ、自分の人生設計は実行するに値するとゆるぎなく確信していること』とを同じものと考えている。ロールズはまた、『自尊とは自分の能力に対する自信、自分の力で自分の意図を成就すること』ととらえているが、これは自尊ではなく、わたしは自己肯定のありようであると考えている。自己肯定と自尊の違いは重要だ。自分の人生設計に迷いを感じていても、自分自身の人間としての価値にはいささかも疑問を抱いていないことはありうる。人は時と場合によって自分の人生設計〈の全部あるいは一部〉を磨きあげたり、書き換えたり、放棄したりすることがある。自尊は自己肯定よりももっと基本的な感情で、自己肯定ほど壊れやすいものではないということだ。ただ自己肯定——自分の人生設計に対する自信——が自尊——自分自身を価値あると感じること——と違うといっても、自己肯定感が著しく減退すると、自尊心にも限りない影響を及ぼすだろう」）。

プライドという言葉がこのようにさまざまな形をとって使われているということは、とりもなおさず、プライドが現代の社会にも生きて響き渡っているということだ。そのプリズムの幅広さを通して、人を、体制を、文化を、国家を砕き、また築きもする倫理の力の多面性をうかがい知ることができる。民族浄化やホロコースト、市民権闘争や飢饉、人権剝奪や、戦争、ありとあらゆる形のテロリズムがはびこる現代の世界には、プライドという倫理はいままでにましにまして、有効なのではないだろうか。

本書は、哲学におけるプライド、宗教におけるプライド、個人のプライド、人種のプライド、国民のプライド、それぞれの源を探っていく。その奥深い源に触れてはじめて、さまざまな様相を持つプライドのなかから、わたしたちの徳性を高めてくれる姿を見つけ出すことができると思うからだ。

そして最後に（仮に否定しても誰も信じてくれないだろうから、告白してしまおう）、おそらくわたしは、わたし自身の虚栄心を存分に満たすことになるだろう。「つまらないことを申し上げるようですが」と話の口火を切りながら、実際つまらないことが延々と話されることはまずない。人はたいてい、自分がどんなに虚栄心があろうとも、他人が見栄をはるのは好まない。だがわたしは虚栄心にも十分な居場所を提供しよう。虚栄心はその持ち主にも、持ち主の行動半径のなかにいる人にとっても、役に立つもののようであるから。したがって多くの場合、人生のさまざまな救いと並んで、虚栄心をお与えくださったことを神に感謝しても、愚かとばかりはいえないであろう。

——ベンジャミン・フランクリン『フランクリン自伝』
（The Autobiography of Benjamin Franklin）

第2章
プライドは罪？

プライドはいいものだろうか、悪いものだろうか。

それはわたしたちが、プライドをどう見るかによる。

何を情報源とし、どんな歴史を紐解き、どういう社会、政治の状況のもとでプライドを見るのか、わたしたちが敬虔な信徒であるのか無神論者であるのか、美徳や悪徳をどうとらえているのか。


何世紀ものあいだ、主としてキリスト教徒の信心のせいで、プライドは罪のなかでも最大の罪とみなされてきた。だが常に最大の罪であったわけではない。

現在の七つの大罪が成立するようになるごく初期の頃（当時は「第一の」罪と呼ばれていた）は、高慢《プライド》と虚飾はまだ別々で、偽碑文「一二人の預言者の契約」（紀元前一〇九―

一〇六年）のうち、「リューベンの契約」で、四番目と五番目の罪に位置づけられていた。その後ポントゥスのエヴァグリオスが、キリスト教の思想家としては早くから大罪なるものを説き――彼の考えではおおいなる罪は全部で八つあった――虚飾と高慢はそのうちの六番目と七番目にかろうじて引っかかっていた。

プライドが罪のなかでもっとも誇《プライド》り高き位置に押し上げられたのは六世紀もようやく終わりに差しかかった頃、教皇グレゴリウス一世のおかげだった。厳密にいうと、グレゴリウス一世はラテン語のスペルビア、ギリシャ語でいうヒューブリス（自信過剰、傲慢）をすべての罪の源泉としてひとつだけ別枠にし、ヴァナ・グローリア、つまり虚飾を大罪リストのトップに据えていたが、やがてこのふたつがひとまとめに「プライド」となり、ほかの多くのリストでも最上位を占めるようになっていった。

グレゴリウス一世は「高慢はあらゆる悪の根源であり、聖書にもそのようにいわれている。『高慢は罪のはじまり』と。だが七つのおおいなる悪徳でさえも、その最初の後継として、毒に満ちた悪の根源から生じたことは間違いない」と考えた。さらに、「罪の女王たる高慢が、十二分なる情愛を得たとき、高慢は女王が配下に分け与えるように、その情愛をただちにほかの七つの大罪に譲り渡すであろう。情愛を荒廃せしめるために」。

グレゴリウス一世にとって、高慢の核心は傲慢さで、人が「自分の考えを偏愛し、……

自分の考え方を広く推し進めてそれに沿って歩み、ひそかに自分自身を称える」ことだった。

キリスト教徒に高慢こそが根源的な罪であるという信念を植えつけたのは、何といっても聖アウグスティヌス（三五四―四三〇年）だろう。傲慢な精神は原罪を招くのであって、だから高慢が暫定的にも神学的にも罪のはじまりなのである。高慢によって人間は神に背き、その存在の一部を失った。

「しかし人間はその存在のすべてを失うほどにまで堕落するにはいたらなかった。だが自分自身に向き合ってみると、彼が至高の存在に忠実であった頃よりも、その存在は現実味を失っていたのである」

聖アウグスティヌスにとって、高慢は人が神を遠ざけるもとであり、人間の限界をあえて無視して行動し、分不相応な特権を求め、自分たちを過剰に誇りたくなる要因なのだった。

すべての罪のはじまりである高慢なくして、このような邪悪な精神が生まれるであろうか。また、高慢こそは、本来人間の魂が唯一お慕いする対象であり、物事の創始であるはずの神を見捨て、自分自身がはじまりであるかのように、高みを求めるねじれた欲望の源である。これは、人間が自分を過剰に愛することだ。……高慢は、不相応な賞賛を求める。そして神を目標とするべき魂が神を見捨て、自分自身が目標となることが、不相応な賞賛を求めるということである。

聖アウグスティヌスは、人間が謙譲の心を求めることがその解決になると考えた。「驚くことに、謙譲こそは人の精神を高め、賞賛は精神を貶めることがある」からだ。この矛盾が意味を持つのは、謙譲は上位の者に従属することを促し、神よりも上位にくるものはないのだから精神は神に従属することになるが、賞賛は神に従属するのに抵抗することで精神を貶めるというところに聖アウグスティヌスが着眼したためだ。神に従属したくないというのは人格的欠陥であり、神に背いて、神のようになりたいという悪魔の幻想に与することである。

聖アウグスティヌスは、「根源としての悪は、人間が自分に都合のいいように自分を見つめ、心から願えば人間自身を光にしてくれる（神という）光から目を背けたとき」に生じるものだと結論づけた。

トマス・アクィナスは聖アウグスティヌスの論点を引き継ぎ、またグレゴリウス一世の信条をも受けて、自分の神学体系のなかでこのふたりを特に重要視した（原註：もちろん、アラスデア・マッキンタイアが言うように、アクィナスは公正に関する道徳的な考察において、アウグスティヌスとアリストテレスの対立している点を克服しようと試みた。徳についてギリシャの理想を受け継いだローマ人の最大の罪は、アウグスティヌスに言わせるとプライドであった。それはローマ人が飽くことなく栄光を追求する態度にも表れている。これに対してアウグスティヌスは、キリスト者の徳は謙譲にあるとした。一方マッキンタイアも指摘しているとおり、アリストテレスはプライドが悪徳であるという考え方をしていない）。

アクィナスは、高慢が、過大に称揚されたいという人間の病んだ欲望であり、神の命に従うことを拒むことから明白なように、神を軽視する態度であると理解していた。アクィナスにしてみれば、これが、高慢が罪のなかの罪であり、あらゆる悪徳の母である理由だった。加えてアクィナスは、高慢とは、誰よりもすぐれた存在になりたいと過剰なほどに願うことであるとみていたが、これもまた神の掟をくじくことだ。

アイリーン・スウィーニーが指摘するように、アクィナスは高慢をもっとも致命的な罪であるとみていたが、それは高慢が、精神的な意図として何より優先され、またもっとも有害な影響があるからだ。

アクィナスは、高慢が最悪の罪であるとする。それは高慢がその性質上、神とその掟に反旗を翻すものであり、あらゆる罪は間接的に、あるいは結果として、そうした性格を帯びているものだ。高慢は、意図のなかで最優先されるという意味で、ほかのすべての罪の源であるとアクィナスは言う。

第一に、罪はすべて神に背を向けるところからはじまる。だからすべての罪は高慢からはじまる。

第二に、人が神に優先して何かを欲しいと願う動機となるのは高慢の心であり、そのように手に入れたもろもろのものによって、人は自分を「完璧で卓越した存在である」と考えるかもしれない。何かをむやみに欲しがるのは、罪を犯すという行為において最初にくる罪であるとアクィナスはみた。なぜならば、何かをむやみに欲することによって、ほかの罪を犯す手段となるからである。……このことから、第一の罪は、神の叙階に従うことなく、精神的に善なるものを、「神の掟によって定められたその人の器を超えて」渇望することでなければならない。そしてアクィナスは、これが高慢の属性であると結論づけた。

では人は、どうしたら人としてふさわしく神に従属できるのだろうか。アクィナスはそれを、謙譲をとおしてなされるものであるとした。謙譲とは、「自分自身というものを持っている」すべての人が「神への敬意を抱いている隣人のすべてに服従しようとする」状態である。

謙譲の精神には、「前提として許容されている以上の過大な結果を求めたがる心」をもとに引き戻す美徳がある。要は謙譲の心が人間の神への服従を示しているということだ。

高慢が罪の基本であるとした聖アウグスティヌスやトマス・アクィナスの考え方は、何世紀ものあいだキリスト教神学に影響力を持っていた。二〇世紀に入っても、ラインホルド・ニーバーの書物などにこの考え方が見受けられる。しかし、多様なキリスト教社会全般で同じテーマがみられる――ローマ・カトリック教会の教区でも、バプテスト教会の黒人信徒のあいだでも、高慢が罪の基本とみられていることに変わりはない――とはいえ、高慢をどのようにとらえ、どのように扱うかは、社会や政治のあり方によって色合いが異なっている。社会のあり方や、政治のありようが、信心や神学を形づくる側面があるのだから。実際に、プライドの問題をどのように説明するかについては、キリスト教社会同士のあいだでも、かなりの張り合いがあった。

たとえば、妊娠中絶の論争では、一方に、中絶の選択を擁護するのは生命の終わりを神になりかわって決めようとする傲慢さであると考える信者たちがいて、一方では、中絶反対者たちは誇り《プライド》を持って神の意志を信じる、それはいかなる犠牲を払っても胎児を守ろうとすることだという信者がいる。

またマーティン・ルーサー・キング・ジュニアは、社会に正義を求め「宇宙的交わり」を説いたとき、支持者たちにいわば埋め合わせとしての高慢さ《プライド》を持つようにすすめた。それは、自分たちの社会的立場が弱いことの表明であり、大勢の白人キリスト教信者たちをはじめ、自分たちと対立する者たちが、歴史の間違った側にいたこと、ひいては神に反する側についていたことを暗にほのめかしていたともいえる。

高慢こそが大罪であるという考えがキリスト教社会で何世紀にもわたって信じられてきた一方、哲学の歴史におけるプライド観も同様に興味深いものだし、幅広く影響を与え続けてきた。実のところ、哲学の世界では、キリスト教神学より古くからプライドが論じられていて、その見方は聖アウグスティヌスやトマス・アクィナスといった初期の神学者の考え方の土台となった。当然ながら哲学では、罪ではなく悪徳という観点からプライドを考えているところが神学とは大きく違っている。

もちろん神学者のなかにも、アクィナスのように哲学的にプライドを理論化した者はいた。だがアクィナスが哲学者と違っていたのは、悪徳と罪を同格のものとして調和させようとしたところだった。

ごく単純化していうと、悪徳は理性によって規定される人間の性格上の欠陥であり、罪は神の掟に背くことだ。アクィナスの考えでは、この両者はひとつの同じものだった。というのも「人間の本性、つまり理性に背くことは、神の掟に背くこと」だからだ。哲学者はプライドを悪徳とみなすことで、道徳の実践を神がかりによってではなく、あくまで人間の理性によって判断しようとした。

悪徳のうちでもヒューブリス――つまり傲慢と根拠のない過剰な自信《プライド》――をもっとも強く非難したのはギリシャ時代の人々だった。ただしそのような考え方自体は、ギリシャ時代より以前から存在していた（原註：ヒューブリゼイン、ヒューブリステス、ヒューブリスマといったヒューブリスの変形も四、五世紀のアテネの著述に表れている）。

プライドが広く非難されたのは、これが、勇気、節度、公正、知恵など政治的秩序を支え、豊かな人生を可能にする徳のなかの徳、元徳を破壊するからだ。ホメーロス、ヘロドトス、アイスキュロス、トゥキディデス、プラトンなど、多くの作家がプライドを重い悪徳で、道徳的判断力を鈍らせ、政治の荒廃を招く大もとと考えていた。ギリシャの思想家のみならず、ローマ時代、中世、そして近代初期にいたるまで、哲学者たちはプライドに有害な影響力があるという考えに共鳴していた。

だがプライドは悪徳であるという考え方が幅をきかせていたギリシャ時代に、アリストテレスだけは、少なくとも完全にはその一群に与さなかった。アリストテレスが誇り高き人物に目を留め、自分の目に映ったものにおおむね感心したというのは有名な話だ。

実のところ彼は、プライドを「美徳のチャンピオン」であると考えていた。当然のことながら、彼の思索は、生まれ育った貴族階級の社会観や男女を同等とみなない価値観と完全に切り離せるものではないし、そうした立場にあったからこそ、「高潔な生き方の極致について、驚くほど異質な考え方」が生じたのは間違いない（原註：だからといってアリストテレスが社会的格差に無頓着だったというわけではない。ただ彼は社会的格差を、今日のような社会的平等の観点からみていたのではなかった。富裕な階層が、誤った根拠によって敬意を求めがちであると批判したのだ。アリストテレスが信をおいていた貴族とは、道徳的にすぐれた存在なのであって、権力や財産を盾に貴族たることを名乗る者はよしとしなかった。D・S・ハッチンソンによると、「古代ギリシャ社会では、社会階層間に大きな隔たりがあった。上層階級の出身者や富裕な階層の者は、その故にみずからを尊敬に値すると考えて重要視し、周囲の人間が自分たちに敬意を払うことを当然のこととして期待した。アリストテレスはこうした社会格差には反対したが、それはあらゆる人間が平等に尊重されるべきだという現代的発想からではない。富裕な人々がしばしば、誤った根拠によって敬意を求めていることに反対したのだ。富や地位は幸運によって彼ら富裕層のものになったのであって、彼らの美徳の故ではなかったからだ」）。

とはいえ、（哲学者ならぬシンガーの）シャーデーの言葉を借りるなら、悪徳よりもずっと力強いプライド像を、アリストテレスほど明晰に、また精力的に描くことのできた人物は数えるほどだろう。

アリストテレスは、「誇り高き人物」――「偉大なる精神の人物」「度量の大きい人物」などと訳される場合もある――とは「自分を、偉大なることを成し遂げる価値があり、偉大なる者にふさわしいと考える」人物であると主張した。

誇り高き人物は自分の要求に見合う人物であるし、ほんとうに誇り高いのであれば、けっして自分に見合うだけのものを要求することにしり込みしてはならない。自分に見合う分まで要求しないのは、悪徳だからだ。だが同時に、自分に見合う以上のものを要求するのも誤りで、真に誇り高い人間はそのような悪徳にははまらない。アリストテレスによれば、「自分の本来の美点を超えて名声を求めるのは愚か者である。だが徳高き人間は愚かでも短慮でもない」。徳にすぐれた人物であるとみられるにふさわしい人間はそのことを意識しているべきで、また周囲の人間にもそのように求めるべきなのである。

真に誇り高い人物には特権者にふさわしい名声が与えられなければならないが、それは、その人物のまごうかたなき徳についてくるものであって、生まれや富や権力に付随してくるものではないのだ。

一方、ほどほどに徳を積んだ者、あるいは徳にすぐれていない者は、おのれの貧しい運命を甘んじて受け入れねばならない。「取るに足らない人物、自分を取るに足らないと考える人物は、節度はあるが誇りがあるとはいえない」からだ。

たいして徳を積んでいないのに自分の美点以上の名声を求めるのは、虚栄心の強いうぬぼれである。

D・S・ハッチンソンも指摘するように、「虚栄心やうぬぼれの強い人間の問題は、過大な尊敬を求める点にあるのではなく、当人がその尊敬にふさわしくないこと、そして表立った権威と尊厳とを混同してしまっている点にある」のである。

また、自分に本来の自分以下の価値しか認めない人間は、「不当にみずからを卑下」する者であり、「気概が足りない」。アリストテレスは、そのような不必要な謙遜をひどく嫌っていた。自分を卑下するということは自分を本来より低く評価することであり、すなわち自分の真の価値を見誤ることだからだ。

アリストテレスは、へりくだるよりはうぬぼれるほうがましで、自負《プライド》の対極にあるのは不当な卑下であると考えた。不当に卑下するのは、「安っぽく、不遜なること」だからだ。だがみずからの高潔さを自任し、周囲にもそれを求めるのはうぬぼれでも虚栄でもない。自負《プライド》は——アリストテレス流にいうと「妥当な自負《プライド》」は——虚しい虚栄と不当な卑下という両極端のあいだに見出せる中庸点なのだ。

人間の美点は外面的な要素によって測られがちなので、アリストテレスは人々が、それも名誉にふさわしくない人々が、過剰な名誉を求めることが問題であると考えていた。というのも、名誉こそ「外面に現れる美点の最たるもの」だからだ。

名誉にふさわしいのは徳があってこそであり、だからこそアリストテレスにとって、「徳をさらにすぐれたものとする」自負《プライド》は、徳のなかの極致だった。もちろんアリストテレスは、誇り高き人物が最大の名誉を要求するのは彼があらゆる徳を成し遂げているからだという前提に立っている。

アレキサンダー・ポープ（「高慢《プライド》に、高慢《プライド》を正当化するところに、われらの過ちが横たわる」）やジョナサン・スウィフト（「しかし奇怪なる肉塊を目にしたとき、そして高慢《プライド》にまみれ、病に冒された肉体と精神を目にしたとき、わたしの忍耐をつなぎとめる方策はすべてたちどころに潰え去る」）といった作家たち、デイヴィッド・ヒューム（「（他者に）高慢《プライド》や横柄な態度を見せつけられるとわたしたちが不快になるのは、単にそれがわたしたちの自負心《プライド》を揺るがし、同情が比較に変わり、承服しがたい卑下の感情をもたらすからである」）やスピノザ（「最大級の高慢《プライド》と落胆は精神がもっとも弱くなっていることを示している」）といった哲学者たちが、特に悪徳として高慢《プライド》を取り上げるのは、倫理を語るのに徳が欠かせないとみられる場合だった。

たとえば一七世紀から一八世紀を代表する思想家たちは実に多方面に思索の道を開拓していたものの、「概して高慢《プライド》を悪徳とみなしていた。それは高慢《プライド》が反社会的で、無知と欺瞞に基づくとされていたためだ。ことに、高慢《プライド》はまずもって憎しみを生み、冷酷さや怒りといったそのほかの悪徳を誘発する原因となるばかりでなく、それ自体が暴力的な情動であり、理性や徳性を否定する元凶となりかねないとみなされた」。

高慢《プライド》をめぐる議論が盛んになるときというのは、その社会において美徳やそれに類するものが、道徳を追求するエネルギーになると考えられている場合のようだ。ただし、社会は必ずしも常にそのような状態にあるわけではない。

たとえば哲学者のアラスデア・マッキンタイアやキリスト教倫理学者のスタンリー・ハワーワスらは、倫理哲学において規範や原則が徳よりも重視される時代があまりにも長く続いたと指摘している。

一九七三年になっても、哲学者たちのあいだでは、徳は「古臭いがいまでも有効な概念」と評されることがめずらしくなかった。一九七〇年代の前半といえば、まだ倫理哲学が、道徳的判断の結果を重視し、人が道徳的判断によってどうなっていくかに理由づけすることにもっぱら関心を注いでいた時代だった。あるいは、さまざまな選択肢のなかからどのように判断すべきかの規範や原則を見出すことに意を用いていた時代であって、いずれにしても倫理学において美徳に出番はなかった。

しかし一九八二年、マッキンタイアが『美徳なき時代』を発表し、徳に重きをおき、アリストテレスを称揚する徳倫理学が大々的に復活したのだった。

マッキンタイアにとって哲学は、議論の道徳的性格を定めるためのものではなかったし、議論における論理上の矛盾点や語法上の難点などに拘泥すべきものでもなかった。

マッキンタイアは、道徳的理論は啓蒙思想によって芽生えた自由主義的個人主義という呪縛から脱皮しなければならないと主張した。また彼は、自律的な道徳的主体が存在するという神話にも異を唱えた。

道徳哲学は、美徳を追求する学問である。そしてそれは、道徳的な経験と、それを表現する言葉とを共有している社会においてだけ意味をなす。

同じ頃スタンリー・ハワーワスは『キリスト者の生活と人格（Character and the Christian Life）』『洞察と徳（Vision and Virtue）』『品性の社会（A Community of Character）』『平和なる王国（The Peaceable Kingdom）』といった説得力のある著作を次々と発表し、キリスト者の道徳にとって徳性が核になることを訴えた。

ハワーワスは「決定論的倫理学」が現代のキリスト者を窒息させ、非宗教的な倫理哲学をも息詰まらせていると攻撃した。そのかわりにキリスト教倫理を支えるのは物語（ナラティブ）である、と。つまるところ、キリスト者たちの語る物語は、人間の特性というものを形づくっている。そうした物語によって、人間の歴史に表れている神の行為から道徳の意味がうかがい知れることが明らかになるわけだ。

●

ここまで、グレゴリウス一世や聖アウグスティヌス、トマス・アクィナスやアリストテレス、そしてマッキンタイアやハワーワスが、徳や高慢《プライド》をどう考えたかを見てきたが、それは現代の生身の人間にとって、また生死の狭間で闘う人々にとって、どのような意味があるだろうか。

たしかに、われわれアメリカ国民の歴史の転機において、徳をめぐる議論や葛藤はたびたび顔を出してきた。たとえば公民権運動において、人種的な公正を勝ち取る闘いのなかで。あるいは第二次世界大戦において核兵器を使用するかどうかという決断の際に。国家の存亡にかかわる激しい戦闘状態のさなかに、徳の倫理が意識的に口に出された――あるいは、プライドや公正や勇気など、美徳の特性をなすものが、哲学や神学と同じ文脈で引き合いに出された――わけではないにしろ、その考え方は哲学という学問の枠をはるかに超えて、重大な影響力を持っていたはずだ。

とはいうものの、宗教や哲学分野での道徳議論と、生身の人間の文化や政治といった場面でその道徳をいかに実現するかといった問題とのあいだには、画然とした隔たりがあることは否定できない。そのような現状だから、プライドが悪徳あるいは罪であるという議論は、今日ではさしたる意味を持たないという結論になってしまいがちだが、それはいささか早計だろう。

わたし自身についていえば――そしてわたし同様多かれ少なかれ信仰に基づいて（わたしはキリスト教信者で、バプテストの牧師である）道徳観を身につけてきた人は大勢いると思うのだが、いまもってプライドが大罪であるという考えに縛られている部分はある。

礼拝の講話で、日曜学校で、わたしや同じ年代の子どもたちは何度となく、生意気はいけませんと教え込まれた。生意気は高慢《プライド》のもたらす苦い果実であり、自意識が過剰になり自分ばかり賛美するようになると、生意気で手がつけられなくなる。だから最初に教えられる聖句は、箴言の「高慢《プライド》は破滅に先駆け、不遜は堕落に先駆ける」だった。

また教会ではさまざまな場面で、アウグスティヌスやアクィナス流の、高慢は悪徳なりという考え方が吹き込まれ、しまいにはその典拠もふくめてそらで言えるようになっていた。たとえば信仰復興運動家が教会にやってきてぶつ激しい演説や、日曜学校の生徒たちの会合、宗派の年次総会もその機会になった。人間がプライドを持つのは往々にして神の掟の妨げになり、神の導きに身をゆだねることのできる賢い者だけが、神の御言葉とやり方に従った人生の祝福を授かることができるということだった。

ただこうした教えが日常の言葉になったとき——ヨーロッパの神学が黒人たちの言葉の海に浸り、黒人社会の現実の洗礼を受けたとき、教えは興奮をかき立て、道徳的力を持って迫ってくるものとなった。説教師も教師も、飽くことなく詩篇（八—四）をあげて疑問を呈した——「あなたが心に留めている、人間とは何なのか。あなたが顧みられている人の子とは何なのか」。

ヨブ記の有名な一節（三八章四節「わたしが大地の礎を築いたとき、お前はどこにいたのかと神はヨブに尋ねられた」）とあわせてこの聖句を解釈し、神は常にご自分のなさることをわかっておられる宇宙の創造者であることを、わたしたちに念押しした牧師もいた。彼の声は若者たちの柔らかい耳にとどろいた。

「兄弟姉妹たちよ、おぼえておきなさい。全能の神の究極の真理と叡智の前には、あなたたちのプライドなどものの数ではないのです。そして悟るのです、あなた方はプライドだけのものではない、と！」

プライドに溺れてしまうのは、何も個々の人間だけではないことも教わった。国家もまた、傲慢な行動から罪の谷間へと転がり落ちていく。

わたしが通っていた教会で、そしておそらくは国中の黒人たちの教会の多くで、盛んにいわれていたのは、国であれ神の裁きを免れはしないということだった。その上わたしたちは、預言めいたことをよく口にする牧師たちから、アメリカは世界のなかで力をふるおうとするときには、痛いほど用心しなければならない、としょっちゅう聞かされたものだ。この国は自国民である有色人種でさえしばしば押しつぶしてきたのだから、北米大陸を統一するのはアメリカに課せられた神のご意志であるという「明らかなる運命《マニフェスト・デスティニー》」の信念を、神の目に映るリンゴのごとくこの国から取り除くためには、さぞ熱心に取り組むことだろうから。

このような見方がよく表れているのが、クリス・ロックの映画『ヒップホップ・プレジデント』だ。ロック演じる主人公に対抗して大統領選に出馬する登場人物が、演説の締めでいつも、「神よ、アメリカに、アメリカにだけ祝福を！」と言うのである。

たしかに国家倫理のあり方と、国家を清める、あるいは国家に反省を促す宗教の役割とに関しては、辛く厳しい論争があり、国家のプライドについて異なる見解を持つさまざまな信仰の持ち主を分断してきた。

人は自分の国をどの程度愛するものなのか。その愛は神への愛に勝るものなのか。質問の後半部分に対する答えが単純に「ノー」であるとしても、神への愛と国への愛との境目がどうしようもなくかすんでしまったとき、難題に突き当たる。そうなると神学は、帝国主義の使い走りにすぎなくなるのだ。

信仰を持たない市民たちからみればきっと、わたしたち信仰を持つ人間が、グレゴリウスやアウグスティヌス、アクィナスらの警告していた例のプライドに、とらわれてしまっていると感じられることだろう。

警告からこぼれおちてしまった人々を、自分だけは正しいような顔で醜い軽蔑を込めて睨みつけているのは、高慢《プライド》だ。そのような自己満足が生み出す結果は、考えるだにおぞましい。

さまざまな宗教が信仰の正しさを示そうとして採用する、神経を逆なでする表現にも、自分たちだけに通用する霊的な力と物質的な富にあふれた王国をつくろうとする欲望にも、そうした自己満足が透けて見える。さらには、自分自身の宗教に疑問を持ってみるとか、自問自答をしてみるといったような、真の信仰のもとには必ず芽生えてくるような健全な批判精神の欠如にも、この自己満足がありありと刻印されている。

ところで健全な批判精神に基づく自問自答は、どんな宗教の伝統にも見ることができるすばらしい要素だ。キリスト教だけでなく、ユダヤ教にあっても、イスラム教にあっても、また仏教にあっても。けれどもわたしたちはあまりにもしばしば自分の信仰を持ち上げるあまり、正直なところ信仰の対象は、教会が指し示している神ではなく、ほんとうは教会堂なのではないか――ヒンドゥー教ならアシュラム、仏教徒なら寺院、ユダヤ教ならシナゴーグ、イスラム教徒にはモスクなのではないかと思えることがある。自分の宗教に対する自負心《プライド》、自分たちが神を理解し、仕える方法に対する自負心《プライド》は、信徒を神から遠ざけてしまうさまざまな宗教慣習と同じくらい、信仰を捻じ曲げるものになりかねない。

だから悪徳という概念は、何が、そして誰が罪深いかを決めるのに、信仰のある人々のプライドを宗教色を排除したところから抑制するために必要なのかもしれない（またそれが、プライドを持った人にも罪深い人にも等しく道徳哲学を考えさせるための、神様なりのやり方なのかもしれない）。

といって、罪を、何か宗教批評や道徳批評の一分野であるかのように打ち捨ててしまっていいということではない。ただ、わたしたちは責任を持たねばならないと思うのだ。神にだけではなく、同じ人間同士であっても。宗教を信奉する者にとって神と人間が同列ではないとしても、神学と人類学がこれほどまでにはっきりと別の学問になっていることを考え直す必要があると思えるほどには、両者は近しい存在だ。いまは亡き宗教歴史家のジェイムズ・ワシントンの言葉を思い出してみるといい――「隣人を愛するかわりに神を愛するために」教会へ通う者がいる、という言葉を。

だが隣人から逃れるために教会へ行く者がいるとはいえ、わたしたちの多くは、それすら考えることを避けるために、あるいは目の前の問題から目を背けるために、信仰の陰に隠れている。人間が余計なプライドを持つと、宗教的世界観のなかで神の啓示より人間の理性を優先してしまう、というのは間違いない。けれどもそのような主張は人間の理性というものを前提としているからこそだ。

信仰を擁護しつつ理性をも擁護しようとする者は、正しくも悪徳の循環を避けようとして、真実は善の一族であると主張する。わたしたちが真実であるとわかっているものは、わたしたちが知るにたる善なるものの産物であるというのだ。そして知識が価値あるものだということは、わたしたちが住む世界の道徳の性格を定義し、それを理解しようとする段階で明らかになっているという。

だがこのようにいったとしても、問題が完全に解決されるわけではない。たとえば、ある宗教の信徒は良識を無視してその宗教が定めている善の範囲でしか真実を求めようとしないかもしれない。ただ少なくともそのように考えることで、神がわたしたちに与えてくれた理性を大切にしつつ、無理なく信仰を保つことはできるだろう。

●

プライド＝悪玉説のなかには、知的行為は神への侮蔑であるというものもある。神は信徒たちに、信仰の入り口で理性を捨てるように命じているというのだ。けれどもその真意はむしろ、過剰な高慢心に抵抗することを隠れ蓑にした怠け心である場合も少なくないのではないか。

アーサー・ラヴジョイによると、一八世紀には「知的な野心には、口うるさく叱りつけたり皮肉を言ったりするのが慣習のようになっていた。そして、人間本来の無垢が失われたのは、そのような知的野心のせいであるといわれるようになっていた……つまり『プライド』を告発するのは……ある意味で原始的な知性批判であった」。

現代の社会でも、聖書を字義どおりに解釈しようとする人々、原理主義者、反動思想家、がちがちの保守派などは、どんな宗教であれ、知性を下らないプライドのもとだといって激しく非難する。そうした人々は、理性が真実を見極め、勇気を持ち、正義を求め、愛するために役立っていることを認めようとしない。

一方宗教界にも、理性を偶像か何かのように祭り上げようとすることには疑念を抱く、健全な批判精神の持ち主もいる。わたし自身教会で何度も何度も言い聞かされてきたように——ことに偉大なる師であるフレデリック・サンプソン博士がことごとに語っていたように——わたしたちは「神である主を、心を尽くし、精神を尽くし、思いを尽くし、力を尽くして愛さなければ」ならないし、そのためにも、「自分自身を愛するように隣人を愛」せたほうがいい。自分を過信するのは罪である。神や隣人を、ひいては自分をよく思うことは神聖な誓いなのだ。

アリストテレスの「妥当な自負《プライド》」は、不当なほどの卑下も虚しい虚栄心も両方とも排して、健全な自己愛が神と隣人を愛するための要の柱になることを、明らかに示してくれる考え方だ。もし自分を過大に評価することが罪ならば、アリストテレスが悪徳だと考えた、自分を過小に評価することも同じように罪だろう。

最低でもこれだけは言える。自分を過小に評価するということは、神がつくりたもうた創造物を否定することだ。仮にその創造物自身が自分の価値に疑問を持っている張本人だとしても。だから、アリストテレスも言っていたように、自分の生まれや権力や富を誇るのではなく、自分の人となり、自分の業績、自分の道徳的価値に誇りを持つのならば、それは、人間の魂に刻まれた神の徳性を肯定し、受け入れることである。

なんとも痛ましいのは、自己否定が隣人を否定する道を広げることである。もしわたしが自分を愛することができなければ、神がおつくりになり、愛されているこの自分を愛することができなければ、わたしは神を見失い、隣人の価値を認められなくなるだろう（わたしが説教に訪れる各地の黒人たちの教会で、よそから人が訪ねてくると唄うすてきな歌がある。リフレインがすばらしい。『わたしのなかのイエス・キリストが、あなたのなかのイエス・キリストを愛す』。そう唄いながら、手で自分を、次に相手を指し示すジェスチャーをする。いんちきくさいと思われるかもしれないが、これこそ明らかに兄弟愛の真髄を宣言する言葉と仕草であり、自分と相手に同等に価値を見出したことを、認めている証だ。それは、お互いのなかにひとつの神の存在を認めているからだ）。

自己愛の賭け金は、人種や性、性的指向、年齢などのために、ある一群の人々が組織的に健全な自負心を持つことを許されないとき、著しく高いものにつく。わたしは愛にあふれ、肯定的な黒人社会で育ち、物語を語ってもらい、自分の話す物語を聴いてもらい、物語を続けなさいと励ましてもらった。そういうなかで育ったからこそ、わたしは自分を価値あるものと思い、自分を愛することができる。

マッキンタイアやハワーワスが言うように、徳の倫理を復権させることに理があり、いい人生を送りたいという自分の思いを、社会の徳を高めて活力を与えることと結びつけていくのが正しいとするなら、わたしたちがいま礼拝の場や、学校や、家庭や、職場で語り合っている物語を語り合うことが、わたしたちの心に、魂に、社会に、不可欠になるだろう。

わたしは地元のバプテスト教会で自分を愛することを学び、それが公衆の善を考えることにつながった。わたしはいい人間であるだけでなく、よき市民であり、わたしが帰属しているさまざまな同族集団――わたしが何者であるかを規定し、自分の文化的な役割を教えてくれる集団――のよりよい一員でありたい。

黒人の先生たちが語ってくれた物語のおかげで、わたしは黒人文化のなかで綿々とくり返されてきた生き延びるための尊い営みや、芸術を知ることができた。残念ながらそうした伝承は、黒人社会のある側面に対する徹底的な無関心のために、あまり明らかになっていない。次章でわたしは自分の書く文章について語るつもりだが、わたしが文章を書くのは、わたしという人間をつくり上げてきた書物や、わたしの血肉になった物語、そしてわたしに希望をもたらしてくれた思想を再話するためだ。それはまた、連綿と続く真実の語り手たちのリストに、名前を連ねるという誇り《プライド》を持つためでもある。だがそうした物語が、時には倫理の刃を探りあて、空想じみた成功物語に抱く誤ったプライドを傷つけ、本当に達成されたことの中核へと切り込んでいく場合もある。

思うに、わたし自身はいまでもプライドが罪になりうると考えている。それもおおいなる罪だ。ことに、原則を逸脱した権力や不道徳な人々がプライドをふるうときには。

また、本当に道徳的な何かを成し遂げるのではなく、単に権力や富をつかんだだけのことと引き換えに得られるプライドも、邪なものだと思う。そして、自分の品位が貶められたとき、自己嫌悪に歪む顔に表れてこないプライドは、たしかに悪徳であり、罪だ。謙譲は美徳だが、屈辱は、みずから招いたものであれ押しつけられたものであれ、悪徳なのだから。

妥当な自負《プライド》は恩恵だ。プライドが徳であるなどというと、自分のプライドが膨らんでしまうと信じ込んでプライドの徳性を認めようとしない連中への、偉大な有徳者からの一撃だ。しかし名誉を出し惜しみするということは、名誉を得るにふさわしいところに名誉を与えない者の名誉に泥を塗ることだ。それがたとえ、自分ひとりの心のなかで起きていることであったとしても。

自己愛は、わたしたちの精神の強さと道徳的な健全さと、その両方にとって鍵になる。わたしにとっては書くことと、そのために読むことが、自分の自己愛を――そして、誇りを持って認めよう、自分の自己愛だけでなく、たぶん、ほかの人々の自己愛も――高めるのに何より必要な物語を語るすべになっている。同時に、権力の虚構を突くためのすべでもある。

わたしが育った頃、学校は人種によって分け隔てられていて、その学校で一生懸命勉強することは、自分の人種に誇り《プライド》を持つもとになった。そして当時はそのようには理解していなかったけれども、自分の階級に誇り《プライド》を持つことにもつながった。

——ベル・フックス『われわれはどこに立っているか——階級問題』(Where We Stand: Class Matters)

わたしはしばしば自問した。明日大災厄が起きて宇宙全体が滅ぶと言われても、今日、文章を綴るだろうか——今日わたしが書いたものを読む人は、明日誰もいないのに。まず頭に浮かんでくる答えは、ノー、書かない、だ。誰も読まないものをどうして書くのか。だが次に浮かんでくる答えは、イエスだ。けれどもそれは、全宇宙規模の災厄にあってもどこかしら生き延びる星はあって、将来誰かがわたしの書いたものを読み解いてくれるかもしれないという、ほんの一縷の希望にすがってのことだ。その意味では、この世の終わり(アポカリプス)の前夜に書くことにも、まだ意味がある。人は読む人があってこそ書く。自分のためだけに書くという人がいれば、それも嘘ではないだろう。その人が神を恐れていないだけだ。徹底した無神論者の目から見ても。将来の読者に向かって語りかけることのできない作家は、不幸と絶望のどん底にいる。

——ウンベルト・エーコ『わたしはいかに書くか』
(How I Write)

第3章
人間のプライド

わたしが本を読むことや書くことに抱いているプライドは、いわば代理のプライドだ。それはわたしに読むことと書くことを教えてくれた黒人の人々の社会から生まれ、その思いを反映している。

彼らは読み書きだけではなくて、学ぶ喜びも教えてくれ、わたしが力をつけていくことを、おおいに誇り《プライド》にしてくれた。わたしが自分の仕事に誇り《プライド》を持つのは、わたしを庇護してくれた恩師たちに報いることでもある。

このように、わたしにとってプライドは、向上するための原動力だ。プライドが、真摯に書き、考えることの正しさを教えてくれた。教師たちは、わたしの読書や文章が、わたしの学びが、広い世界の概要をとらえようとしながらも、次第に黒人の生き方を掘り下げる方向へ向かっていくのを、いたく誇り《プライド》にしてくれた。

そうするなかで、わたしが読む書物、というよりむしろ書物のほうがわたしという人間を読み取っていたといってもいいが、そうした書物によって、広い宇宙のなかでの自分の位置をよりたしかに知ることができるようになり、わたしの自分への評価は、飛躍的に高まった。それは、わたしを導いてくれた師たちが与えてくれた以上のプライドをもたらしてくれたのだった。

師によって導かれたその先は、書物によって導かれた。わたしを誇りとしてくれた高潔な人たちは、わたしのなかに希望の種を植えつけてくれたのだった。文学というものが、わたしたちの社会、わたしたちの文化、そしてわたしたちという人種を黙殺しようとする残忍な勢力に対抗する、恰好の武器になるかもしれない、と。

もちろんわたしは最初から、社会を変えようという目で観察する、つまり社会批評家として出発したわけではない。

振り返ってみると、当初わたしにはふたつの大きな目標があった。自分がもっとも尊敬する文筆家たちのように、先生たちが教えてくれた作家たちのように書くこと。そして、自分にとっていちばん大切な事柄について書くこと。

ところで文章を書くためには、わたしのような社会批評家の立場で書くとしても、文章を読むことが非常に大切になってくる。わたしはかなり早い時期に、自分にはフィクションを書く才能はないと自覚していた。だがフィクションを読めば、想像の熱い息吹を感じることができる。自分の生まれ故郷から飛び出すのに、実際に家を出る必要などなかった。本のページを見つめれば、世界中どこにでも行けたからだ。メルヴィルとともにクジラを追いかけた。ソルジェニーツィンとともに収容所の政治犯を抱きしめた。ボールドウィンとともに、黒人による説教の言葉に溺れた。後年には翼を得て、モリスンとともに空へと飛翔した。そしてまた、ドストエフスキーやエリスンとともに、荒廃した地下をさまよい歩いた。

ラルフ・エリスンの小説で、存命中に唯一出版された『見えない人間』をはじめて読んだとき、冒頭の一行が、一〇代の少年だったわたしのやわな心をナイフのように貫いた。「わたしは見えない人間だ」とエリスンは書いた。この一文でわたしは切り開かれ、それまで漠然と感じていた人種というものの輪郭をいくらかはっきりと感じ取るようになった。二〇年前に書かれていた本によって、わたしはいま発見されたのだ、と即座に理解した。エリスンが言っている「見えない」ということは、自分にも、デトロイトの極貧地区で生まれ育った貧しい黒人の少年であるわたしにも、関係のあることだと直観的に悟ったのだった。

一行目はごく基本的な文だが、四行目になるとほとんど法律的といってもいい。白人社会に生きる黒人の法を要約したものだ。

「わたしは見えない。いいか、要は連中がわたしを見たくないからだ」

成長するにつれ、わたしにも陰のなかで生きることの意味がわかってきた。目に留まらない、気づかれない、アメリカの想像力の産物。

それでもわたしが幸運だったのは、人生の早い時期に自分を心理的に守ってくれる黒人社会のゆりかごを、エリスンが力強い筆致で描いていた抵抗の精神を、見出していたことだ。周囲の人たちがわたしを誇《プライド》りに思ってくれることが、わたしの盾だった。

文章で戦える才能に恵まれたことに誇《プライド》りを持ち、自分の肌の色と折り合いをつけるんだとしつこいほどに言われ続けたことは、何にもかえがたい宝物だ。

エリスンの小説の言葉と並んで、黒人教師や説教師たちの言葉も、わたしを黒人文化という土壌に深くのめり込ませてくれた。またエリスンの小説に深く響き渡るジャズやブルースの音色は、黒人の力強さのオーラでわたしを包み込み、黒人芸術が持っている高潔な自信があれば、見えないことに打ち勝てると思った。

特に感じ入ったのはエリスンの類稀な言葉遊びと、ひたすらに知性を追究した書き方だった。「美しくも愚かなアメリカ人の本性」について優雅に表現するかと思うと、即興で思想の歴史をたどっていく。地下で生きる登場人物からはドストエフスキーへの傾倒がうかがえるけれども、後には、最初で、もっとも重要な随筆集『影と行為』の表題から、T・S・エリオットに接近していたことがわかる。

ただ彼が独特だったのは、アメリカは黒人の存在を称揚することなしには完結しない、とどこまでも主張したことだった。彼の真意を完全に理解できるようになるずっと前から、エリスンの言葉はわたしのなかにその後ずっと消えない誇り《プライド》を植えつけた。

一〇代の黒人少年にとって、世界が自分たちの種族なしに――それはつまるところ、そのほんの一部としての自分の存在なしに――は、世界として完結しないというのは、おおいにプライドを高めてくれることだし、計り知れないほど安心することだった。エリスンは『見えない人間』の全篇をとおしてこのテーマを築き上げ、名前のない主人公が自分を侮辱した白人をあわや殺しかけることで、白人社会に対して彼らの社会が抑圧している黒い側面は膨張していまにも白人社会を窒息させかねないほどであることを、目に見える形で示してみせた。だがエリスンの目的はもっと大きく、それは厳格に、そして美しく綴られた随筆のなかで論じられるように、黒人の人生と思想とを排除したら、白人の文化は道徳的にも精神的にも孤立し、知的には不完全なものとなることを示すことだった。

エリスンの冒頭の一文はわたしの心に魔法をかけ、彼の綴る言葉は音楽のようにわたしの耳に響いた。ところが結びの言葉は、皮肉にも、若い黒人にとって障壁の象徴ともいえる「見えなさ」が消失したことを告げていた。

エリスンはいかようにも解釈できる記憶に残る文章で小説を閉じている。

「低い周波数で、わたしがあなたのかわりに語っているのではないと、誰にわかるだろうか」

エリスンは言外に、「すべての人に」とほのめかしているのかもしれないが、この言葉はまるで現代の若い黒人たちの文化のことを言っているかのようだ。

若い黒人たちの文化は、裕福な黒人層を代弁することはできないとみられてきたこともあった。だがヒップホップは、あの激しいリズムと歯に衣着せぬ言葉のなかに自分たちの姿を投影しそうもない黒人層の思いまでも、代弁できるように思える。もちろん、ヒップホップにプライドを持つのは――ヒップホップがストリートのしゃべりを芸術に磨き、社会の辺境に追いやられてもなお誇り《プライド》を失わない若者たちのことを、力強く語っていることにプライドを持つのは――ほとんどが、ある一定の年齢層と地域の若者に限られているのも、またたしかな現実ではあるのだが。

わたしが思うに、エリスンの一文には、黒人の若者たちへのメッセージが込められている。ただしいまの若者たちの問題は、社会から「見えないこと」ではなく、「見えすぎていること」だ。

現代社会の主流をなす文化は、黒人の若者の存在を求める一方で嫌悪し、黒人の若者たちは常に注視の的だ。ヒップホップやしゃべり方、服の着こなしや髪型まで、黒人の若者の流儀が市場を席捲している一方で、黒人の若者たち本人があふれているのは、矯正施設や刑務所の監房だ。

彼らは「見えない存在」にされるという抑圧は逃れたけれども、いまは人目にさらされ、レッテルを張られるという苦しみを味わっている。こんなひどい状況でプライドを持つのは難しいけれども、それでもヒップホップは力強く、自分を認めていいんだぜと教えてくれるのだ。それでいて、ヒップホップに熱中する多くの若者にほんとうの誇り《プライド》をもたらしているもの――ヒップホップ文化の担い手たちが、かつて黒人のプライドと革命を謳った先達たちのテーマと語調を受け継いだ、才能ある若者たちであること――は、若い黒人集団以外の社会では、ほとんど顧みられていない。

実際、人気を博して露出過多になっている黒人若者文化の中心にある立場やものの考え方は、まずラジオやテレビで流されることはない。結局のところ、大手メディアはヒップホッパーのなかでも悪ぶって金もうけに余念がないタイプがお好みで、黒人の魂を受け継いだ伝承詩人たちは表舞台には出てこないのだ。

黒人たちがさらされる監視と無視のサイクル——時には監視されると同時に無視され、時には監視のときと無視のときが順繰りにめぐってくる——に急きたてられるように書かれた『見えない人間』は、今日でも大きな存在感を持った一冊だ。というのも、エリスンが描いたような、厳しくばらばらに引き裂かれるような「見えない状態」におかれていても、黒人たちには互いを見つめるすべがあったからだ。敵意に満ちた時代に、お互いに助け合えることを、いつもあてにすることができたからだ。とすれば、黒人が生き延びる秘訣は、仲間内でだけ通じ合える言葉ということになる。

エリスンの本には、民間伝承の形でその要素がふんだんにちりばめられている。黒人文化が流行の中心にこようがはずれようが、『見えない人間』はこれからもずっと、その時代の黒人の生き方を知るために、重要な秤となるだろう。そして黒人が無視されることに苦しむとしても、注視されることに苦しむとしても、黒人社会への無関心に芸術で応えるために、『見えない人間』のメッセージがきっと役に立つはずだ。

エリスンの本が時代を超えて生き続けているのは、書かれた時代にいちばん問題となっていたことに断固として取り組んでいるからだ。その問題――人種の問題、政治から見た主体性の問題、黒人と白人の関係など――は現在もなくなってはいないので、エリスンの本はいまもって生きた古典だといえるだろう。

もちろん、わたしが道徳観念を養い、社会でどんな役割を果たせるか考えさせられた本は、ほかにもある。そうした本を読むことで、アリストテレスの言う「妥当な自負心《プライド》」は一層高められた。

一九七七年、一八歳だったわたしは仕事をクビになり、福祉の世話になりながら、まもなく一〇代の父親になろうとしていた。そんなわたしのアパートに、ある日とてつもない言葉の贈り物が届いた。ブッククラブのその月の配本が、トニ・モリスンの『ソロモンの歌』だったのだ。その荒々しい優雅さにわたしは夢中になった。言葉は抒情にあふれ、いともやすやすと魔法とみじめさとが混在した世界を目の前に浮かび上がらせてくれる。

モリスンは、攻撃にさらされながらも、けっして、少なくとも完全には、自制心を失わない黒人男性としての矜持の意味を、明らかにしてくれた。そして、空に飛び立ちたいと願う黒人男性である自分を、誇り《プライド》に思えるようにしてくれた。

黒人が飛べるなら、いや、飛びたいと願うなら、あるいは飛ぼうとして失敗したなら、彼は自分を困らせている問題から自由になれる。それが押しつけられたものであれ、みずから招いたものであれ。そういう人間としての行動の尺度を、誰も取り上げたりはできない。それは誇り《プライド》の根源であって、誰も盗むことはできない。

ちょうどクリスマスの日にアパートを追い出されたわたしは、『ソロモンの歌』を一冊、脇に抱えて部屋を出たのをおぼえている。モリスンの綴る意味深長で艶めかしい言葉や、読者に正面から向き合って受け止めることを強いる知的水準の高さには、その後わたしが詩を書いたり、説教を練ったり、文章や本を書いたりするときに、おおいに影響を受けている。R・ケリーよりずっと前に、モリスンは黒人の男たちに「おれは飛べると信じてる」と高らかに唄わせたのだった。

詩を読むとわたしは、心の奥底から噴き出してくるさまざまな成句を口ずさみたくなる。ただわたしにはあふれてくる言葉を、ほかの人も一緒に唄いたくなるような形に織り上げる能力がない。

尊敬する詩人はまずテニスン。たぶんその上をいくのがオーデンで、そのほかにも、ワーズワース、ブラウニング、キーツ、バイロン、リルケ、レトキ、ブルックス。方言で書かれたポール・チェンバースの詩を暗唱して、五年生のときはじめての賞をもらった。少年時代でわたしがもっとも光り輝いたのはこのときだったのではないだろうか。ことに五年生の担任のジェイムズ先生が、わたしの受賞をそれは喜んでくれたから。

けれども、この人たちのように書きたいと、わたしがもっとも切に願ったのは、ノンフィクション作家だった(ところであるジャンルを「ノンフィクション」つまり、フィクションで「ない」と否定形で定義するのはどうも奇態なことに思える。まるで生きていることを「死んでいない」と言い表すようなものではないだろうか)。そしてノンフィクション作家のすばらしい技巧と技法に出会うと、自分のなかに誇り高い気持ちがかき立てられる——もちろん、それほどの技巧をもって自分の作品を書けたためしはほとんどないのだが。

ノンフィクションは、フィクションの領域の外側全部を占めるので、作家たちが挑戦してみることのできる分野や対象は膨大だ。わたしはまず、何の心構えもなしに先験論の本に頭を突っ込み、たどたどしく読み進めながら、文章のリズムや独特の言いまわしに引き込まれていった。一冊、また一冊と、中学校の授業で取り上げられる以外の本にも手を伸ばしていった。

新しい世界との出会いはたいてい、週に一度古本屋を漁ることから手に入れていた。貧困地区にあった貧しい中学校の図書館の、回転書架を毎日まわしては、足りない分を補充した。そこで捕まえたのがサルトルやサンタヤナだった。少なくとも、彼らの本の背表紙をつかみ、一風変わった難解な言葉、わくわくする表現の海を必死で泳いだ。彼らの洞察を、彼らの知見を、その頃にわかに形をなしはじめていたわたし自身の世界観に押し込めようと、死にものぐるいで頑張った。

ウィリアム・バレットの『不合理な人間（Irrational Man）』やウォルター・カウフマンがスマートに編纂した『携行版ニーチェ（The Portable Nietzsche）』を手に入れると、まるで穿き心地のいいジーンズに脚を突っ込むように、実存主義と哲学的名言の世界にはまっていった。

次に夢中になったのがエッセイだ。まずわたしをとらえたのがエマーソンとソローだった。次に、モンテーニュ、ルナン（訳註：ジョゼフ・エルネスト。一九世紀フランスの宗教史家）、バーク（訳註：一八世紀イギリスの思想家、政治家であるエドマンド・バークと思われる）、それになんとエイブラハム・リンカーン。

とにかく誰であれ、わたしが持っていたハーバード・クラシックのシリーズから転がり出てくる人のエッセイは、端から読み漁った。ハーバード・クラシックをわたしにくれたのは、おとなりに住むベネットさんの奥さんで、教養の幅をできるだけ広げようと頑張っているわたしをいたく自慢に思ってくれ、ベネットさんが亡くなったあとシリーズをプレゼントしてくれて、いっぱしの読書家になりたいというわたしの願望に一層の火がついたのだった。

カミュを読み、アルジェリアの不合理さを帯びたギリシャ神話の世界をも垣間見た。バートランド・ラッセルの猛々しいほどに流麗巧みな文章を飲み下し、飲んでしまってから教育の目的は流麗かつ雄弁になりたい誘惑に抵抗することであるという彼の戒告に気がついた。


ジェイムズ・ボールドウィンの声を発見したのは一九七〇年で、それ以後わたしの人生は一変した。ジョン・コルトレーンがサクソフォンを抱いて寝たように、わたしはボールドウィンのエッセイを抱きしめて眠り、想像力のなかで、作家が奏でた音を指でなぞり、アメリカの魂を謳う交響曲のような彼の思索の和声進行をたどっていった。

ボールドウィンのことを習ったのはジェイムズ先生の五年生のクラスだったが、ページを埋める焼けつくような散文との出合いは、列車にぶつかったような衝撃だった。そこに書かれていたのは彼の人生で、それはつまりわたしの人生でもある。黒人の男性として、同じような黒人ばかりの貧困地区で育ち、苦悩や厳格無比な精確さとの苦闘を唄いたいという渇望を抱えるわたしたち。

一一歳で彼の処女作で最高傑作でもある『山にのぼりて告げよ』を吸収したが、一四歳になって『アメリカの息子のノート』に出合うと、頭をわしづかみにされ、激しい依存に陥った。ボールドウィンのこの本と、エッセイは全部読んだ。英語で書かれた最高の文章の部類に入る。人生のいろいろな局面で、いろいろな場所で、うれしいとき悲しいとき、思春期のうちも成人してからも、素人の文筆家だった頃も大学で教えるようになってからも、事あるごとに読み返した――正気を保ち、救いを保つために彼の本を読んでいなかったときがどのようであったかを思い起こすために。

　貧しい黒人の少年だったわたしが、読み、書かずにいられなかった思いは、とてつもなく貪欲で、しかも偏見にとらわれていないものだった。彼の本を読むとわたしは、そんな少年の頃の自分がとても誇らしくなるのだ。

　わたしは伝記にも耽溺した。自伝あり、他伝あり。ベンジャミン・フランクリンが見識を練り上げ、高潔なる生き方を思い描いた書斎に座っている心地になった。そのもっと前、リローン・ベネットの端正な散文を通じて、マーティン・ルーサー・キング・ジュニアの勇気ある行動を知った。

　一九六八年、わたしが九歳のとき、マーティン・ルーサー・キング・ジュニアは殺された。わたしは知りたかった。必死の思いだったといってもいい。彼の人生について、黒人にとって彼の存在が何だったかについて——黒人にとって立派なヒーローは何人もいるけれども、そのなかでもとりわけみんなが誇り《プライド》に思っているらしいのがキング牧師だったのだ。そしてこの国にとって、彼がどういう存在だったのかについて。通っていたデトロイトの公立小学校の図書館に駆け込み、ベネットの『マーティン・ルーサー・キング——非暴力への遍歴』を見つけた。この本を開くなり、わたしの目は開かされた。それまで知らなかった、人種の対立と道徳的勇気の世界へと。

ベネットはキング師と大学時代の同窓で、かつての級友の人生を美しく綴っていて、読んでいるとキング師の人となりが、彼を駆り立てていた知性の力や社会の流れが、鮮やかに立ち上がってきた。わたしはこの本も、何度となく読み返した。それは、この本を読んでいるとしょっちゅう新しい単語に出くわすので、辞書を引いておぼえられるからだったが、それだけではなく、いまは亡き牧師のサンプソン師を除いては、自分にもっとも影響を与えたといっていい人物についてもっともっと知りたかったからだ。

キング師の本を自分で書いたときには、ベネットの注意深い学究的態度と、説得力のある表現とが、モデルとして大きく立ちはだかっていた。本が出て、宗教家として、また政治活動家として変幻自在だったキング師の人生の旅をたどるわたしの手法が書評や読者たちに受け入れられたとき、わたしは少なからず鼻が高かった（それが「妥当な自負《プライド》」であったと願いたい)。

●

実のところ、わたしが書き言葉を通じて、社会に対する義務を果たすということの意味を考え、伝えたいと願うようになったきっかけは、キング師の生き方だった。

キング師の巡礼は、当時のわたしにはほとんど理解できていなかった社会の対立を道徳的に見るレンズになった。彼の霊感は若々しい肺に吹き込まれ、わたしの最初の文章らしい文章に、一一歳で原稿を書き、一二歳のときに発表したスピーチに、酸素を吹き込んだ。当時の文芸の光がわたしの稚い世界に差し込んでくる前から、わたしは兄弟愛がこの地上に広がるのを見たいと熱望していた。世界をペンにとらえたいと願う以前から、世界を正す道を探していた。キング師その人と、彼の社会変革の思想とを愛したといっても、そのほかの作家たちへの敬慕が色あせてしまったわけではない。社会批評のおかげで、わたしは著述の人になることと、行動の人になることとを分けて考えられた。自分自身が行動を起こさずとも、誰かの行動の息吹にはなれる。

わたしは偉大な著述家たちの教えを人々にわかりやすく伝えることを、自分の守備範囲にしようと決意した。その教えのひとつが、自分をあまりたいそうなものだと思わないことだ。もちろん、仕事にはたいそう真剣に取り組むとしても。この教えのおかげで、わたしはユーモアのかけらもなく廉直に生きるという、社会批評家が陥りがちな陥穽――それは妥当とはいえない高慢《プライド》なのである――を避けることができた。

社会批評を書くことが、ピケを張ったり抗議集会で激しい演説をぶつ行動に匹敵するなどという幻想は抱いていない。ちなみに、わたしはいまあげた三つを全部やってみて、それぞれの行為にそれなりの意義があることを実感した。けれども、知性とわたしたちが大切にしてきた文芸様式の助けを借りてその日の問題と取り組むこと、あるいはこれまで無視され、敬遠されてきた文芸にまで力を借りて現実の問題に向き合うことには、崇高な価値がある。たしかに、議会選挙ほどにはすぐ決着はつかないだろう。また文芸の与える影響は、キング師やマハトマ・ガンジー（ふたりとも社会変革のために文筆活動もしていたけれども）のような筋金入りの社会改革者はもとより、ヘンリー・デイヴィッド・ソローのような片手間の変革者の人目を引く行動ほどにも、目に見えて人を鼓舞することはないかもしれない。だからこそソローは、一時期ウォールデン湖畔を離れ、刑務所に舞い降りたのだろう。市民的不服従によって政治は良心を見出すという自分の思想を体現するために。

社会批評家たちは、たいていソローほど幸運に恵まれてはいないし、彼ほどの勇気も持ち合わせていないから、本のなかから公衆の面前へと続く不確かな筋道を、あえてたどろうとはしない。それでも、わたしたちの生きる社会のような民主主義文化について、その可能性と障害とを的確に文字で表現するのは、道徳的に正しく、価値あることだ。そしてわたしたちのような文筆で社会を変えようとする者たちがまっとうに仕事を成し遂げれば、多くの人がその仕事ぶりを誇り《プライド》に感じてくれるだろう。それは書かれた言葉の範囲をはるかに飛び出し、現実の社会の、大勢の先達が何度も踏み固めた行動の道へと踏み出す仕事になるだろうから。

社会批評家としてわたしは、人種と自分らしさについてかなりの文章を書いてきた（そのほかに時にはジャーナリストとして、あるいはまた文化批評家としても文章を書いている。文化批評家というのは、美学や倫理について、批判的に分析するのが仕事だ。またいわゆる知識人として、学者の目と預言者の舌でもって、市民権運動や政府による統制といったことに論評を加えている。だがそれぞれの立場によって書き方がはっきり異なるわけではなく、少なくともわたし自身の場合は、あちらからこちらへとしょっちゅう血流が混じり合っているのが実情だ）。

これは国のあり方の中心テーマである。そしてわたしの人生にとっても中心テーマだ。

そのためわたしの文章は、社会の流れに大きな圧力を受けてきた——行く手を阻まれて、ゆがめられてはいないことを願うばかりだ。

ただ、だからといってわたしが、観察する対象から距離をおこうとしない、ということではない。危険な距離には身をおかないということだ。

中立神話や、批評家は人間の奮闘の火の粉から無傷でいられるなどという誤謬《ごびゅう》を持って危険なほど対象に近づくと、判断の目を曇らされてしまう。とはいえ人生の渦から免れる希望を持つのも、アルキメデスではないが、共同体の境界線の域外にいたいという願望を暴露しているようなものだ。

最良の社会批評は、内幕仕事だ。社会批評家は、わたしたちの精神の弱さ、脆さをしっかりとつかんでいなければならない。それでいて人々に、その引力に引きずられないようながさねばならないのだ。そしてまた、人生は物語のなかに生まれることを知っていなければならない。小説家はそれを知っている。詩人とともに、悲しみと欲望の韻律を聞かなければならない。戯曲家のように、頭と心の綱引きに火花を散らさせる、虚しさと野心とを感じ取れなければならない。

時として、批評家の仕事は誰からも感謝されず、それどころか反論を浴びることさえある。このときこそ、偽りのプライドなどという鎧は脱ぎ捨て、それがたとえ自分の部族伝来のものであっても、神話にはとらわれないという責務を高々と掲げるときだ。

わたしがマーティン・ルーサー・キング・ジュニアの本を書いたとき、師の支援者と批判者がこぞってわたしの言い分を取り違えた。批判者の多くを占める右翼の人種差別主義者が誤解したように、キング師を貶めようと狙ったわけではないし、ほとんどが黒人の支援者たちが期待したように、彼を雲の彼方の聖人に押し上げたかったわけでもない。

わたしが願ったのは、キング師を崇拝するあまり、見当違いなまでに祭り上げようとする追従者や、彼の牙を抜こうとする日和見主義者たちからキング師を救い出すことだった。キング師の思想は、友人も敵対者も受け入れがたいほどに過激だった。その事実を首尾よく述べることがわたしの本の批評的意図だった。

だがわたしは世間知らずな人間ではない。ちゃんと閻魔帳をつけているのだ。キング師に対して何らかの思いがある人間は、自分たちの迂遠な攻撃を後押しするためにわたしの本を利用することだろう。

それでも、社会批評家としてわたしは、キング師の真実を伝えなければならなかった。政治家としての天分も、道徳的な罪も、人間としてすぐれた点や高潔な点も、失態も欠点も。わたしは批評家となるべき自分の命運を信じていた。きっと長いあいだ熟慮した末、わたしの意図を理解してくれる読者がいると。そういう読者が空虚な尊敬を超えた複雑な思いを大切にし、最後にはわたしと一緒にキング師の真の偉大さをくみ取ってくれると。

わたしがこうした信条を持つようになったのは、熱心に読みふけった作品の作者たちから教わったのだと思う。正しく語られた真実は、たとえ時機ははずれていても、最終的にそれを知るためにどんな代償を払っても惜しくないと考える人々のもとに届くのだと信じていた作家たちに。

けれどもわたしは、弟子を自任しているノンフィクション作家たちだけから、慰めを得ていたわけではない。テニスンの言葉を借りて言うなら、わたしは自分が読んできたものすべての一部だ。オーデンの詩「美術館」がブリューゲルの絵に触発されて生まれたように——その絵は、詩人の鋭いまなざしのもとで見ると、人々の目には入らず、同情も及ばない辺縁で、苦しみながら忘れられている人々の宿命を写したものだという——わたしたちを創作に駆り立てる霊感は、どこからなりと訪れるのだ。わたしたちがそれに気づきさえすれば。いや、もっと正確にいえば、自分の弱さを告白するだけの勇気を持つことができれば、霊感はそこから湧いてくる。

すばらしい作品を読むことで、わたしは社会批評家としてできる限り、人間とは何か、どうあるべきかについて書いていこうという意欲を持った。わたしの書いたものが、ほかの人にとってそのような霊感となるならば幸せだ。そしてわたしの書いたものを読んでくれた人々が、信念と良心に基づいて行動し、特に、社会における協力関係を損ねかねない誤った人種的プライドを正していこうと努めてくれることを願っている。その願いのごくわずかでもかなえられるなら、わたしはそれができたことにささやかな誇り《プライド》をおぼえるだろう。

国のはじまりから、白いアメリカ人たちは自分たちが本当は何者なのかという不確かさに、深く悩まされてきた。その答えを単純化する方法として採用されたひとつは、黒いアメリカ人の存在を利用し、彼らを標識として使うことだった。境界線の象徴として、「外部」の代替物として。白人の多くは黒人のおかれた社会的地位を見て、ある人物がどの程度アメリカ人であり、どの程度アメリカ人でないかを測るのに、肌の色はわかりやすくて簡単な尺度になると思うことができた。ヨーロッパからやってきた移民の多くが、アメリカの地に上陸して最初におぼえる人種の蔑称が「ニガー」であるのは、おそらくはこのためだ。この言葉を口にすると、たちまちアメリカ人になった気分になれるのだ。

——ラルフ・エリスン『黒人がいないアメリカはどのような国か』
(What America Would Be Like Without Blacks)

白人のコミュニティは実は存在しない……アメリカ大陸にやってくるまでは、誰もとりたてて「白人」だったわけではないのだ。この国が白人の国になるまでには、何世代にもわたって、くり返しそのように強制する必要があった。……自分を白人だと思っている者は、自分たちが行ってきた破壊行為や嘘の歴史に、とりたてて向き合おうとはしない。自分を白人だと思っている者は、すべての人が兄弟であるかもしれないなどと考えて、あえて苦しもうとはしない。自分を白人だと思っている者は、愛想がよくて安く働く原住民の人口がある程度安定して得られるように、求め、あるいは焼き払う。自分を白人だと思っている者は、自分は安全だという夢を信じようとする。幼い子どもでさえそんな夢想はしないものを。自分を白人だと思っている者は、どんなに大勢でどんなに騒々しくなろうとも、振り返って塩の柱と化したロトの妻のように、語るべき言葉を持っていない。

——ジェイムズ・ボールドウィン『「白人」でいること——そしてそのほかの嘘』
(On Being "White"——And Other Lies)

第4章

白人のプライド

一九八〇年代後半、文化戦争の第一波がアメリカの海岸に打ち寄せてからかなり経ったあとも、アイデンティティ政治をめぐる辛辣な議論は、さざ波となって国中に広がり続けている。不幸なことだが、そうした波のあとにはたいてい、近視眼的に文化を見、歴史をゆがめる風潮が続く。そのために、アイデンティティ政治がなぜ人気を博し、と同時に悩みの種になったのかという矛盾を、わたしたちは説明しかねているわけだ。

右派も左派も都合よく忘れていたことだが、アイデンティティ政治はもうずっと前から、黒人をはじめとするマイノリティ層がごく限られた権利を持つ、社会的に目に見える存在になる前から、問題だったのだ。アリストテレスの言う「妥当な自負心《プライド》」が、自尊心を絶えず打ちのめされてきた黒人にとって徳であるなら、白人のプライドはしばしば、黒人のプライドがあってこそ成り立つ悪徳だ。それはボストンの黒人であれボツワナの黒人であれ事実だし、ボンに住む白人でもブラジルのバイアに住む白人でも逃れられないことだ。

ある民族集団におけるプライドには、陰と陽の歴史がある。たとえばアイルランド人のプライドやイタリア人のプライドは、かつてはばかにされたものだが、いまでは広く認められている。アイルランドにプライドを持つ者は、誰であれその日からアイルランド人になれる。黒人のプライドが認められる道のりはもっとずっと困難だったし、貧困地区に閉じ込められて、長い長い検疫期間を経なければならなかった。黒人のプライドには、とげとげしい特異性が備わっているようだ。

黒人であることは、いまだに国民のあいだに相反する感情を呼び起こす。黒人社会の一員であるということは、どんなに特異で輝かしい業績に彩られようと、完全には捨てきれない汚名を抱えているということだ。コメディアンで映画監督のクリス・ロックが日頃の辛辣なユーモアを横へおいてテレビで語っていた言葉が、それを端的に要約している。

「この部屋にいる白人で、おれと立場をかわりたいと思うのはひとりもいないだろうね……おれはこんなに金持ちなのに」

黒人がプライドを抱くとすると、少なくともアメリカという場にあっては、どうしても限定的なものになってしまう。とすれば、近年際立って表に出てきた白人のプライドなるものがあるとすれば、それは微妙であらゆる分野にわたり、これといった定型を持たないものであるだろう。

白人のプライドなるものは、単に非白人をねじ伏せるためだけに存在するわけだが、かつて、人種差別が横行し、黒人やネイティヴ・アメリカンを公然と悪者呼ばわりしていた頃には、堂々とまかり通っていたのである。今日では、全米白人地位向上協会（National Association for the Advancement of White People）が、マイノリティたちにさまざまな分野で浸食されて、白人の評価はすっかりしおたれていると大げさに喧伝したおかげで、白人のプライドなるものが再燃してきている。ただし、このような団体は白人社会でももはやあまり支持されてはいない。とはいえ、もともと個々の民族として持っていた自負心《プライド》という徳が、いつのまにか白人としての高慢《プライド》さという悪徳に姿を変えていたことを認めるのは、白人たちにとっては困難なことなのだ。

『アイルランド人はいかにして白人になったか（How the Irish Became White）』とか、『ユダヤ人はどうやって白人種になったか（How Jews Became White Folks）』といった本を読むと、その変遷が克明に綴られている。困難さに輪をかけているのが、アメリカでの人種論議が白人でないことの意味に、ほぼ集中してしまうことだ。白人であることの意味を問われる白人などめったにいないし、わたしたちが世のなかで当たり前に考えていることの大半が、白さによって決められてしまうことについて、あらためて考えてみるよう求められる白人もほとんどいない。

白人のプライドはそもそも議論にすら上らない場合に、もっともうまくいく。話の題材や行動の目的にされず、そのかわりに、通常の会話や行動を決める枠組み自体であるかのようにみられている場合だ。ここでいう白人のプライドとは、白人の人生はあらゆる面に広がっているのに、黒人の人生は、ぱっとしない特定の分野にだけ閉じ込められていると信じられていることだ。

白人のやり方が、話し方も、考え方も、行動も、人間活動のまぎれもない標準であって、それが特定の人種集団から発生したにすぎないものだという事実は、都合よく覆い隠されている。その結果、白人たちは黒人を手放しで批判できるようになった。白人ではないことを、ではなく、人間として欠落していることを〈原註：黒人が完全な人間ではないという理屈は、奴隷制の時代からその後まで、アメリカ社会の神学や社会思想にみられたが、一八五七年にスコット対サンフォードの裁判〈ドレッド・スコット事件〉の最高裁判決で成文化された。裁判長のロジャー・B・トーニーが、黒人は〈白人の〉五分の三だけしか人間ではなく、「白人が尊重すべき権利は何ら有していない」と判断したのだ)。

もちろんこのふたつは原則としてほとんど区別できない。というのも白人は、法令により、あるいは権力により、意識的にも無意識的にも、標準ないし規範とみなされ、アイデンティティの雛型だからだ。

マイノリティ・グループの人々が日常的に受けていた激しい批判を、白人集団も免れてはいられなくなったのは、この一五年ほどのことだ。アイデンティティ政治を論評する者の多くがこの事実を見過ごしている。もっと悪いことに、わかっていて無視している場合さえある。

白人のプライドは、市民、アメリカ人、主体などなど、別のもっともらしいレッテルを背負って、たびたび国民の口の端に上ってきた。白人は得てして自分たちを特定の人種に属するとは考えないので、かわりに市民と称するのだが、市民としての特権を白人以外に手渡そうとはしない。白人は主体であり、アメリカ人だ。黒人やヒスパニック、ネイティヴ・アメリカン、その他のマイノリティ・グループは、人種や民族を同じくする下位集団とみなされる。

白人であることには、二重の否定的意味合いがある。まず自分たちに人種的ルーツがあることを否定し、加えて人種的マイノリティ・グループには、アメリカ人としてのアイデンティティがあることを否定するのである。

白人のプライドが、市民権や上等な職業を、学校を、家庭を、まさに人生を、当然のものとして要求するとき、その要求が人種問題としてなされることはまずありえない。それは個人の優秀さや道徳観念や、政治や経済の問題だ。そうした宝物をどう分配するかを決めるのに、あからさまに人種を持ち出す必要もなければ、欲求もない。

そうやって白人のプライドは勢力を保ち、盤石の非公開性を維持するのだ。白人のプライドを擁護する者は、自分たちの暗黙の特権を護り、強化するために、平然と、公正や国民性なる言葉を持ち出す。そうやって特権を享受しながら、表向きは公民権運動の原則となる人種差別撤廃に身を捧げるのである。

つまり、白人はひとつの石で二羽の鳥を手に入れるわけだ。白人のプライドを公平無私な社会政策のように見せかけるかたわらで、黒人たちが社会的地位を要求することは、逆差別だと公然と非難する。それでなくとも、白人のアイデンティティはとらえどころがなく、変幻自在で融通無碍だ。こういう場合の白人のプライドは、よきアメリカ人のプライドと言い換えてもほとんど差し支えないだろう。

そのようにみると、主流である白人以外のアイデンティティがどれも疑わしく思えてくるのはまことに理にかなっているし、必然であるとさえいえる。巧妙に人種を無視しながら、なおかつ人種の存在を巧みに利用することを通じて、マイノリティ・グループが社会の構造に亀裂を入れ、「アメリカの統合を損ねている」という中傷が生まれてくる。こういう言い分はいかにも右翼的だが、実に胸の痛むことに、昨今では左派からも同じように聞こえてくるようになった。

●

人種という概念のまやかしを吹聴する——人種は生物学的根拠がなく、遺伝的系統でもなく、社会によってつくられたものだ——のが流行になる前は、たいていの人は白人種というのは比較的確固たるアイデンティティだと信じていた。一方黒人にとっては、白人は系統を問わずひとつの目的のために一カ所にまとまってくるものだった。目的とはつまり、黒人を抑えつけ、管理し、時には黒人のアイデンティティとプライドを打ち壊すこと。

白人の白人らしさは、虐げられた黒人が白人の権威に対抗しようとするとき、はっきり目に見えるものになった。皮肉なことに、白人の運命は黒人と切っても切れないのだ。支配者集団は支配しようとする集団に依存するということだ。

「支配」は白人のアイデンティティとプライドのキーワードで、白人優位の旗のもとに貧しい白人《プアホワイト》がフードをかぶってクー・クラックス・クランを結成したり、アカデミズムの衣をかぶった学者たちが徒党を組んだりするわけだが、このキーワードの車軸からはいくつものスポークが放射している。そのひとつが、自分たちが制限し、捻じ曲げようとする黒人の代理人を気取る白人だ。白人たちはどうやら、自分たちが黙らせ制圧した黒人の代弁をする権利があると自任しているらしい。また時には、紋切り型の見方や風評で彼らの文化や歴史を捻じ曲げておきながら、そういう人物像を代表した気になっている。

このようなタイプの白人像は、レナート・ロサルドの言う帝国主義者のノスタルジアと通底するものがある。宗主国が植民地の文化を破壊しておきながら、植民地支配の犠牲者とともに、嘆くというものだ。

白人は嘆くかわりに、あつかましくも自分たちが声を奪ったマイノリティの意志や悲しみを言葉にする。いうまでもなく、白人の言葉はたいていは脆弱で、ゆがめられているか、逆に理想化されているかだが、白人はいわば植民者の目で黒人の生を見ているのだから、当然の帰結だろう。

あるいはまた、白人が黒人パワーの犠牲になっているという偽りのスポークもある。これは、白人の権力やプライドのほんとうの犠牲者に対して、白人側が損害を被っていると抗議して白人の権力を温存する方法だ。かつてそれは、白人の利益を集約しようとする欲望と、大げさに言いたてられていた黒人パワーの脅威と戦う必要性と、その両方を原動力にしていた。白人は、黒人からの危害を誇張することで、自分たちの権力を実際よりは控え目に見せることができるわけだ。

D・W・グリフィスの一九一五年の映画『國民の創生』では、黒人男性が白人女性の貞操を脅かすことをいたずらに強調して、黒人へのリンチを正当化し、コロンバスの白騎士団の類の黒人排斥集団のメンバーを増やそうとする様子が描かれている。現代でも、「怒れる白人男性」が、教育の場や就職でマイノリティが不当に優遇されて成功を収めていると咬みつくのはめずらしいことではない。

人種が社会的神話の産物だといわれはじめると同時に、アイデンティティ政治が批判を浴びるようになったのは、皮肉でも何でもない。そして人種を固定化する偏見が一度くつがえると、マイノリティのアイデンティティという美しい理想を疑ってみることも意味を持つようになる。マイノリティ・グループが以前より発言権を持つようになるにつれ、アイデンティティ政治、政治的正しさ（ポリティカル・コレクトネス）、そして多文化主義などが次々と攻撃の的になっていった。偏狭で独善的（ファシスティック）なアイデンティティ政治を強く批判するのはいいが、あらゆる集団同士の連帯を否定してしまうのは、知識人として無責任だ。そして政治的には、黒人がプライドを獲得するにいたった歴史や苦闘をないがしろにして彼らのプライドを踏みにじるのは、非常に利己的なことだ。

もちろん歴史や苦闘を考慮に入れたからといって、結果が政治的に公正である保証はない。多くの批評家は、学問の世界や左派のあいだに不和を持ち込んだといって、アイデンティティ政治を批判する。その見解によれば、公民権運動団体やフェミニストのグループ、ゲイとレズビアン、そして労働運動の一部を含む左派が、進歩派が文化を変革する可能性を吹き飛ばしたということになる。まるでホッブスの万人の万人に対する闘争のように、多数派を少数派と、黒人を白人と、ゲイをストレイトと、障害者を健常者と争わせたのでは、あるグループが別のグループの頭ごしに話す（というより不平不満をわめく）ありさまになってしまう。そうなれば、思想的な純朴さにつけ込もうとする有害な政治が残るだけだ。アイデンティティ政治を批判する批評家にとって悲劇に見えるのは、アイデンティティ政治が文化同士の不要な対立に油を注ぎ、普遍的な連帯に支えられてきた左翼運動の歴史に泥を塗ったと感じるからだ。さらに不幸なことに、長らく特権階級の利益を代表してきた右派が、アイデンティティ政治に対抗して良識を守るためという名目で、その政治的影響力を強めてしまうというのである。

わたしも、多くの人に共有できる幸福を顧慮せずに展開されるアイデンティティ政治は嘆かわしく思う。マイノリティ・グループ同士がつまらないことでいがみあったり、どちらがより大きな被害者かを争ったりすることにも悲しみをおぼえる。とはいえ、先にあげたような批評家たちの分析では、そもそもどうしてアイデンティティ政治の考え方に混乱が生じているのかを説明できていない。批判する者の多くが、白人の歴史や白人が社会的に優位な存在であることを計算に入れ忘れているからだ。白人優位社会の恩恵を受けている人々が、自分たち以外のアイデンティティには眉をひそめることを、考えに入れていないからだ。さらには、左派の連帯を支えてきたという普遍性や共通項が、実は悲惨なほど狭いものであることを見落としているからだ。アラスデア・マッキンタイアの言葉を借りれば、「誰にとっての普遍性なのか、どういう共通項なのか」。

わたしたち国民のあいだに募る焦燥感を何とか解明しようとする彼らの努力も目的を達するにはいたっていないかもしれないが、白人のプライドを無意識に反映したマイケル・トマスキーの理論は、早々に破綻している。左派がどこで道を間違ったかを解明しようとして、トマスキーは左派寄りの批評家たちよりずっと容赦なく、左派の「アイデンティティ政治」を攻撃し、「(知識人の) 支えのどこが、アメリカ人一般の支持できる市民社会のありように適合し、どこが適合していないか」を論っている。

トマスキーによれば、「左派は標準的なアメリカ人の標準的な要望とは完全にかけ離れてしまっている」。左派は「よくいって部族主義であり、われわれは部族の利益集団同士の小競り合いにすぎないものに巻き込まれているだけだ」。さらに、「人種や民族といった分類に基づいた連帯は必ずといっていいほど戦争や派閥抗争、原理主義を生む」と言い、「党派主義の利益誘導政治は、連帯できる可能性のある仲間に対しても味方につくことの利益を示すことができず、間違いなく敗北する」と結論づけている。だから、「たとえば、怒れる白人男性に異を唱えるのは、左派にとってはけっして有利なことではない」とトマスキーは警告する。といって、「怒れる白人男性など実在しないというわけではない」と彼は言う。「しかし怒れる白人男性を相手に騒ぎ立てていても、益はないのだ」。

わたしたちの構想に賛同することで、自分たちにどのような利益があるのか、道を同じくする人たちに説明しきれていない、という点ではトマスキーは正しい。それに左派の有害な部族主義を批判するのも、理にかなったことだ。ところが彼は、標準的なアメリカ人の標準的な要望に訴えかけられるような市民社会を創造することだけが左派の目指す世界ではない、ということを理解できていない。辺縁に追いやられながらも、道徳的エネルギーに満ちあふれた左派の人々は、良識としてまかり通っている不公正にも立ち向かおうとしているのだ。

　福祉をめぐる議論は、普遍的価値観や良識を擁護しようとする一派から不当な汚名を着せられている人々を弁護するために、左派がとりわけ気を引き締めてかからねばならないひとつの実例だ。トマスキーの説には公平な歴史認識が欠けていて、それは「怒れる白人男性」が政治や社会に与えた影響を軽視しているところにも明らかだ。トマスキーは彼らの怒りが多くの場合歴史的健忘症からきていること、そして白人のプライドと、やはり人種問題を避けて通ろうとしている新自由主義によって拍車をかけられているという事実を、軽く見すぎている。


　トマスキーや彼と同類の批評家たちは、程度の違いこそあれ「白人願望（white wishing）」の犠牲者であるとわたしは考える。「白人願望」とはわたしが名づけた言葉だが、社会の歴史を、白人であることが全体に通じるアイデンティティであって、真実の同義語であるように解釈する立場だ。白人願望はフロイトとフォイエルバッハを祖とし、白人は中立で客観的だというファンタジーを信じる。

　白人願望を持つ者は、白人は普遍的であるという神話を信奉しており、自分たちはアイデンティティ政治とは一線を画している、自分たちが白人としてアイデンティティ政治を主張することはないと信じているのだ。白人願望は矛盾の上に成り立っているのだ。懐古趣味的で終末論的、黄金時代のよき思い出と、アイデンティティ政治が死に絶えた理想の未来への期待とに支えられている。そのような未来像は、神話でしかない過去の姿――マイノリティたちがいまのように出しゃばらず、左派が個々のマイノリティ・グループによって分断されていなかった時代の姿を反映しているものだ。

白人願望にとらわれたトマスキーらは、三つの重要な事実を見過ごしにしている。第一に、アイデンティティ政治は、アメリカ社会においてこれまでもずっと行われてきた人種と政治の駆け引きにつけられた名前にすぎない。第二に、白人のプライドは労働者階級の白人たちの劣等感を和らげるのに、おおいに役目を果たしてきた。彼らは黒人でないことによって、心理的慰めを得てきたのだ。そして第三に、アイデンティティ政治はどれもが対等ではない。黒人が進学や就職にアファーマティブ・アクションという割当制優遇措置を求めるのは、けっして特定の利益誘導ではなくて、人種の違いが長年にわたって、ある人物にチャンスや公正を与えるか与えないかを決める基礎になってきたことに思いをいたしてもらうためなのだ。

おそらく白人のプライドが黒人の心理に与える損害の最たるものは、黒人が、自尊することを受け入れられず、悲しいことながら自己嫌悪の誘惑に屈してしまうことだろう。

白人のプライドは、黒人によって語られるときもっとも効果的になる。公に告白するには辛すぎる真実——特に耳にした者にいいように悪用されかねないために、なかなか公言できない事実がある。それは、意気阻喪《いきそそう》した黒人がよく口にするように、黒人の多くがいまだに「白い水は甘い」と思っていることだ。言い換えれば、多くの黒人は、白人にはわれわれ黒人に恵まれていない魔法が備わっていると感じているのである。

これは黒人のプライドとは正反対の感情で、白人の優位を受け入れてしまうことだ。白い金は黒い金よりよくて、白い権威は黒い権利よりすぐれている。そして、白い知性は黒い知性より上等だと信じることだ。

この不愉快な現実は、およそありとあらゆる場面に顔を出す。スポーツ記者のスティーブン・スミスが指摘したこともその一例だ。彼は大胆にも、黒人のバスケットボール選手たちが、指導者が黒人だとなめてかかるきらいがあると書いたのだった。白人のコーチには敬意を払うのに、黒人コーチには反抗的な態度をとる。

スミスの記事が紙面に出たのがまた皮肉にも、ちょうど二〇〇四年、フィラデルフィア・セブンティシクサーズの黒人ヘッドコーチ、ランディ・エアーズが解任されたまさにその日だった。エアーズがクビになった最大の要因、そしてエアーズがチームの士気を高められなかった原因は、ひょっとしたら黒人選手たちが相応の敬意を払わず、監督を認めず、一生懸命練習しなかったことかもしれない。

だがこうした傾向は、何もスポーツ界に限ったことではない。わたし自身、自分の担当の教室で、黒人の教授がしゃべるのは聞くに堪えないと考えているらしい黒人学生たちに出会った経験がそれなりにある。黒人学生のみんながみんなそうだというわけではないが、こういうことはアメリカ中で起こっているのだろうと考えるには十分なくらいの実例があった。

わたしはペンシルベニア大学の自分の講座で、殺されたラッパーの2パック・シャクールを扱っているが、つい最近その講座でふたりの学生に喧嘩をふっかけられた（インテリの方々からは、西洋の楽典になじまない題材を扱ったのだから学生に腹を立てられても無理はないといわれてしまいそうだ。だがわたしは、白人の知性や文化のほうが無条件にすぐれていると は信じていないので、黒人の文化を、ポップカルチャーもふくめて大切に扱うし、立派な文化にふさわしく、厳密かつ批判的に研究している）。

講座の開講期間中ずっと、ふたりの女子学生が意地の悪い感想を述べたり、時にはあからさまに不遜な態度を示したりしていた。そして中間試験では、答案用紙の表紙の担当教官の氏名を記す欄に、「マイケル・エリック・ダイソン、学会の吟遊詩人（ミンストレル）」なるあだ名を書き込んだ（原註：公平を期して言えば、学生たちはこのあだ名を、研究者のアドルフ・リードが複数の黒人知識人をこき下ろした文章から剽窃《パクっ》してきたのだ。その文章でリードは、わたしが講演でしばしばラップの詩を取り上げることを吟遊詩人《ミンストレル》呼ばわりして、白人が黒人に扮して黒人を茶化すミンストレルショーになぞらえ、暗に揶揄した）。そのあと、問題のひとつにまともに答えられなかったひとりが、はっきりと中指を突き立てて侮蔑のサインを送ってきた。

そんなことがあってようやく学生たちの言い分を聞く場が設けられ、黒人教授の何が気に入らないのかと尋ねられた彼女は、そっけなく、わたしが「本物の黒人じゃないから」とだけ答えた。長年いろいろな批判の言葉を浴びせられてはきたが、「本物の黒人じゃない」と言われたのはさすがにはじめてだ。

わたしが本物でない証拠は、わたしを気の利いたことを話すおもしろい人間と考えて講座を受講したがる白人学生が大勢いることだという（要するに、もしわたしが口下手で話がおもしろくなければ「本物だ」ということらしい。人種差別主義者がもろ手をあげて賛成しそうな論理だ）。それがふたりの黒人女子学生の逆鱗に触れたのだ。

表面的には、このふたりがどうかしている、というだけの話にしか見えないが、わたしにしてみれば、自分は白人の同僚と同じだけの敬意を払うに値しないとみなされたということだった。ふたりの学生にも伝えたことだが、彼女たちも相手が白人の先生だったら、あれほど無礼な態度をとりはしなかっただろうし、罰を受けずにすむとも思わなかっただろう（それに白人の教授だったら、問題の根底を探ろうとしてここまで時間をかけたりはせず、たいていはとっくに講座から締め出していただろう。ふたりのうちのひとりは、結局追い出すことになった）。

この出来事にはおおいなる皮肉がふくまれている。それは、白人のプライドが黒人の口から毒をもって吐かれることがあるのを証明してくれたし、わたしの講座を受講していた黒人学生のほとんどがその皮肉に気づいていて（ちなみに受講生は全部で二〇〇人ほどになる大きな講座で、受講者は見事に多人種にわたっていた）、そのうちのひとりが「黒人たちは黒人の大学教授を欲しがったのに、いざ実現すると、まともに取り合おうともしない」と一言で要約してくれた。

「白い水は甘い」と信じてしまうと、黒人は努力している同胞を助けようとしなくなる。スポーツのエージェントしかり――スポーツ選手はよく、「白人のエージェントのほうがいい条件の話を持ってきてくれる」と言うが、自分たちが黒人エージェントを頼りにするようになれば、エージェントも力をつけるということに気づいていない――不動産業者しかり、投資アドバイザーしかり、リムジンの運転手しかり、家政婦でも、教師でも、コーチでも、そして時には恋人や伴侶でも。信じてしまう裏には、根深い不信感がある。その不信感はたしかに、社会的な背景によって刷り込まれたもので、社会はいくつもの目に見えない点で、黒人同士のあいだにはびこる不信感をあてにして成り立っているのだ。それを根底から変えるには、白人のプライドという誘惑を克服しなければならない。わたしたちは健全な自尊心を育てる必要があるし、それはとりもなおさずきちんと自己批判しつつ、黒人であることを肯定し、何者にも縛られず、自分たちの複雑なる人間性を大胆に探究していくことでもある。

黒人《ニグロ》が真の意味で解放されるのは、自分という存在の内面に深く触れ、ペンとインクをもって雄々しく、みずからの解放宣言に署名したときだ。そして自分を評価するほうへと精神を強く伸ばしながら、黒人は、自分を卑下する足かせを大胆に振り棄て、自分自身に、そして世界に宣言しなければならない。わたしは人間だ。わたしには人格がある。わたしには尊厳と名誉がある。わたしには豊かで気高い歴史がある。その歴史は痛々しく、搾取されてきた……そう、わたしたちはいま立ち上がり言う。「わたしは黒人だ。そしてわたしは美しい」と。こうして自分を肯定することが黒人には必要だ。それは、白人の黒人に対する犯罪によって、やむにやまれず必要なものになったのだ。

——マーティン・ルーサー・キング・ジュニア

南部キリスト教指導者会議（ＳＣＬＣ）設立第一〇回記念会議での代表者演説

第5章
黒人のプライド

黒人が西洋社会に登場したそのときから、わたしたちの肉体と精神は、白人のプライドの攻撃にさらされてきた。白人は黒人よりも優位であるという憎むべき神話が、黒人の人生に口では言い表せない苦悩をもたらしてきたのだ。

奴隷制から、植民地から、アパルトヘイトから、黒人を解放するための闘いは、黒人に自尊心を取り戻す闘いでもあった。この闘いは一六〇〇年代から、二一世紀になったいまでも続いている。奴隷部屋は企業のオフィスへと、プランテーションはポスト産業革命都市の街角へと姿を変え、アフリカからアメリカ大陸、そして広く世界中に舞台を移しながら。奴隷差配の鞭で打たれた傷を癒すために、あるいは大人になっても消えない心の傷を和らげるために、黒人たちは自分のなかのプライドを、身を守る鎧として、政治的武器として、頼りにしてきた。アリストテレスの言う「妥当な自負心《プライド》」は誰よりも、みずからの肉体を忌み、知力を疑うように教え込まれ、自分たちの霊魂が神の救済を受け取るに値するかどうか危ぶむことを叩き込まれた人々にこそ、必要だ。

黒人にとってプライドが必要な理由は、だからいたって単純だ。黒人以外の誰もが生まれながらの権利として当たり前に享受している自分への愛を、心身を癒す自己愛を引き出すことである。

白人のプライドは往々にして、黒人たちから、彼らにも自分を愛する資格はあると信じる気持ちを奪ってきた。白人のプライドはまた、黒人の知性や徳性がどんなに美しく輝いても、認めることを妨害してきた。

黒人のプライドのもっとも基本的な形は、自分たちが生き延びていくために必要などんな方法でもいいから、黒人であることの天分と恩恵とを、心の底から受け入れることだ。ただ倫理的にはくどいと思われるかもしれないが、黒人のプライドが自己批判に染まっているとしても、それは自分の人種の真の姿を発見し、最終的には自尊心へと大きく開いていく道なのである。

黒人のプライドは自己嫌悪と戦うために使われなければならないが、黒ければいいということと混同してはならない。わたしたちの特質のなかにも、道徳的でありたいと願う本能を捻じ曲げたり、政治的立場を傷つけたりする原因になるような部分はある。

例をあげよう。黒人のプライドが試される難しい場面のひとつが、肌の色合いだ。つい最近も、黒人のなかにはまだ肌の色で魅力を感じる者がいることを思い出させられた。

「ダイソン先生、先生はお写真だと不利ですわね」

ある教育会議で基調講演をすることになっていたわたしは、講演の前に高齢の魅力的な黒人女性に声をかけられた。

「ご本人にお会いすると肌の色がずっと明るいですもの」

おせじのつもりだろうが、棍棒で殴られた思いがした。彼女がわたしを褒めようとしたのが、わたしの業績や行動に感じ入ったのではなくて、黒人社会でかつて「紙袋テスト」といわれていたものに合格したからにすぎなかったためだ。食料品店などで商品を入れるのによく使われる紙袋より肌の色が黒いと、ばかにされたり仲間外れにされたりということが昔はあった。もちろん、そんな疎外行為はほとんどはうちうちの話だ。それでも肌の色が比較的淡くて、髪がわりとまっすぐで、かつてよく言ったように「明るく、賢く、ほとんど白人なみ」の連中がそういう外見を自慢《プライド》にしていることを、多くの黒人は知っていた。

くだんの老婦人がわたしを好みの「タイプ」だと思った背景にあるもうひとつの問題は、世代やジェンダーのギャップだ。一九六〇年代には、カールしてはいるけれども縮れすぎていない「いい」髪質と「強く黄色みがかった」肌の色のせいで、子どものわたしもずいぶんと好意的な目で見られたものだ。

そういう好みは、有名人の人気にも反映していた。シドニー・ポワチエはもちろんあこがれと尊敬の対象ではあったけれども、女の子が夢中になったのは肌の色が淡いハリー・ベラフォンテのほうだ。ポール・ロブスンは勇敢で男っぽい色気を発散していたけれども、アダム・クレイトン・パウエルのほうが、定規みたいにまっすぐ伸びた黒髪のせいで、ずっとセクシーに見られた。

女性にしても同じことだ。パール・ベイリーの愛らしさと人気は彼女の多才さに支えられていたけれども、リーナ・ホーンの場合は、黒人離れした外見が大きくものをいっていた。ドロシー・ダンドリッジがあらゆる競争相手を凌いだのは、「悲劇の混血児」として新たなシュトゥルム・ウント・ドラングを巻き起こしたからだ。魅力的といわれる黒人は、ほとんど全員が、アフリカのではなくてヨーロッパの理想に近かった。

それが少し変わってきたのは、わたしが成人した頃だ。公民権運動は当面黒人の肉体をくびきから解放することに全力を尽くしていたけれども、心のほうはまだまだ白人礼賛というか、少なくとも「色白」礼賛にとらわれていた。だが希望の兆しが見えはじめてきたのだ。

一九七〇年代、一〇代の少年だったわたしは、黒人のプライドの証明として、巻き毛をアフロにした。淡い褐色の手足を覆うように、ダシーキを着た。ただその時代でも、淡い肌の色はそれだけで「イン」《イケてる》の証だった。ナショナリズムに燃えている黒人男性でも、白人の女性を口説けないと、せめて肌の色の薄い黒人女性を口説こうとしていた（その理屈がまたおもしろい。異人種交際していたあるナショナリストは、有名な公民権運動の指導者に、「自分は彼女の父親を罰している」と言ってのけた）。「ブラック・イズ・ビューティフル（黒いことは美しい）」というのは、スローガンとしては強力だったけれども、わたしたち黒人が縮れた髪や幅の広い鼻筋、厚い唇、黒い肌をほんとうにいいと思うようになったのは、つい最近なのだ。

ところが時代が変われればもてる資格もあらたに生まれる。近頃では黒人社会を飛び出してその外にまで、肌の色の濃い同胞のチョコレート色の魅力が席捲しているらしい。数年前、二二歳になった息子にこう言われた。

「おれたちみたいに肌の色の薄いの、いまは、はやらないんだよね。女子たちは真っ黒いのが好きなんだよ」

なるほど、俳優のウェズリー・スナイプスはいわゆる彫刻のような容姿でセックス・シンボルとなっているし、モデルのタイソン・ベックフォードが成功したのは、いかにもアフリカ系アジア人というルックスのおかげだ。シンガーのディアンジェロはブロンズ色の力こぶに悪ぶったセックスアピールをにじませる。立派に成熟した大人の女性でも、デンゼル・ワシントンのいたずらっぽくきらめく瞳に見据えられると我を忘れてしまう。

一方で男性には、上の世代同様、肌の色にこだわりがあるらしい若者が大勢いる。なかでも女優のアンジェラ・バセットやガブリエル・ユニオンは人気だ。だが最終的な判断を下すには、若い兄弟たちがどんな女の子と一緒にいるか、どんな妄想を膨らませているかを見てみるしかない。

ヒップホップ世代の妄想を映し出しているとしたら、ミュージックビデオだろう。それを見る限りは、思春期から成人の黒人男性の目に入っているのは主に、肌の色が淡くて「黒人離れ」しているアジア系やヒスパニック系の女性たちのようだ。若い女性はチョコレートに弱くて、若い男性はバニラに弱いということらしい。

だからといってそれが、若者が黒人である自分を自己嫌悪しているとか、どこから見ても黒人であることから逃げたがっている証拠だと決めつけるのは早計だ。もちろんそのような意見が真実を言い当てている場合はままある。わたし自身若者に、「あなた肌の色が薄いから、自分をかっこいいと思っているでしょ」と言われて面食らったおぼえがある。わたしの気持ちとあまりにもかけ離れていたからだ。だがわたしも仲間たちが不安の目を向けてくるのに気づいて、心穏やかでいられないことがある。その目はわたしに、肌の色の違いがわたしたちのあいだにどうしようもなく序列をつくってしまうことを思い出させるのだ。

もちろん、わたしはこれまでの経験から、肌の色が黒ければ黒いほど正しいとはいえないことを十分承知している。クラレンス・トーマスの生き方を見ればわかるとおりだ。あるいは、肌の色が薄いからといって本物でないとか勇敢さが足りないというわけでもないことは、マルコムXが生涯をかけて証明した。ただ、おせじともいえない褒め言葉をもらった教育会議で講演する機会をもらったことからもわかるとおり、この容姿のおかげで普通めったに出会えないような聴衆に話をするチャンスに恵まれることは事実だ。だからわたしは喜んでトロイの木馬になろう。わたしや、わたしのようにいかにも黒人らしくない容姿の持ち主は、目に見える形で、黒さの境界線を固めている固定したイメージをくつがえせるようなアイデンティティを持ち込まなければならないのだ。そして同時に、黒い肌の上に白いプライドをかぶる誘惑に抵抗しなければならない。

黒人が成功したら、その政治的な背景や成り行きにかかわらず、黒人は誇り《プライド》に思わなくてはいけないと保守派が言うときは、人の目をごまかすために黒人のプライドを利用しようという意図が見え隠れする。黒人のプライドが手玉にとられ、わたしたちを脅してでも、黒人の利益とは敵対する考え方や人物を受け入れさせようとする道具として使われてしまうのだ。黒人のプライドのこういう暗い側面を――同じ人種に属していることだけを理由に、仲間の感情を取り込もうとする――普段は悪徳だという者に限って、自分の都合のいいときにはそのことをすっかり忘れてしまうらしい。黒人共通の利害のために黒人たちが団結することを、保守派はたいていは批判する。そのくせ都合のいいときは、黒人なら、政治的信条を黒人としてのプライドに従って決めることを快く思わない黒人であっても、仲間として擁護するべきだろうと主張するのも、その保守派の連中なのである。

普段は黒人のプライドなどには近づきたくもないと考えているはずの筋が、黒人のプライドを操作しようとした明らかな例が、二〇〇一年、ジョージ・W・ブッシュの閣僚指名だった。いずれも黒人のコリン・パウエルが国務長官に、コンドリーザ・ライスが国家安全保障問題担当大統領補佐官に、ロッド・ペイジが教育長官に指名されたのである。

こういう顔ぶれが選ばれたのは、ブッシュが人種的多様性を重んじている証拠だと支持者たちは祭り上げた。さらにブッシュはラテン系をひとり、白人女性をふたり閣僚に指名し、憐れみ深き共和党があらゆるマイノリティに手を差し伸べる図となった。だが保守層は、特にブッシュの人種政策に批判的な黒人層に向かって、「われわれ（黒人）の一員」が「彼らの一員」のためにすばらしい働きをしようとしているのだから、パウエルとライスとペイジをせいぜい誇りに思わなければいけないと言いたかったようだ。プライドという切り札を持ち出して人種問題のトランプを切りなおした保守派は、われわれが共和党にとっては取るに足らない存在であることを否定してみせ、黒人を受け身にまわらせようとしている。保守本流の政治のなかに、「われわれ」を代表する三人の誇るべき黒人がいるではないか、と。こうなると黒人のプライドを持ちたい思いは、操舵を失った船同然だ。社会の高い位置に黒い顔を見たいと願うあまり、時として顔の色よりも、行動や信条の中身のほうがずっと重要なのだという事実が見えなくなってしまう。

基本的には、政治家としてどのような顔を持っているのか、どういう色合いのイデオロギーを標榜しているのかが、顔や皮膚の色よりもずっと重要だ。パウエルとライスとペイジを、肌が黒いという理由だけで誇りとするのは、黒人のプライドの品位をゆがめることにほかならない。品位あるプライドこそが、黒人の文化を高め、黒人としての独自性の豊かさを称えることにつながるのである。

黒人のプライドを支える人種としての連帯感は、これまでの歴史と政治によって形づくられてきた。連帯は、共通の利益に向かって手を結ぶ黒人たちによって、絶えず問いなおされ続けていくものだ。

黒人の全員が物事を同じ角度で見るわけではない。黒人同士のあいだでも利害が衝突したり異なる信条が芽生えたりしたのは、黒人文化がそのなかにさえいれば居心地のよい思想の枠を超えて成長したからだ。これは、黒人のプライドが黒人全員のものではなくなったという意味ではない。単に、すべての黒人がプライドを同じようには感じられなくなった部分があるということだ。パウエルやライスを誇り《プライド》に思う黒人保守層がいる一方で、恥ずかしく、不名誉に感じる黒人もいるかもしれない。思想的にパウエルやライスに反対する黒人でも、彼らの知性、あそこまで上り詰めるまでの大変な努力、そして人格を誇らしく思う者だっているはずだ。だが人種至上主義に加担して、そのようなプライドに道徳的な真理を踏みにじらせてはならないのだ。

パウエルとライス、ペイジが指名されたことは示唆に富んでいる。黒人たちは、彼らが、自分たちを誇らしく思うはずの人々の利益にどこまで専心してくれるか、心底懸念している。その懸念が重すぎて、わたしたちはどうにも三人を黒人連帯の肩に担ぎあげる気にはなれない。パウエルが指名された理由は容易に想像がつくし、勇気ある決断でも何でもない。ブッシュにすれば、湾岸戦争の英雄をとりたてて、公僕としての経歴に星を増やしてやれば、インターネット創設者の称号をさらっていったアル・ゴアに少しでも対抗できるという程度のものだろう。その上ブッシュには、パウエルの後光にあやかれるかもしれないという期待もあった。

ただブッシュがパウエルを選んだのは、ブッシュの政治家としての基本的な人種観とは何ら関係ない。パウエルはアファーマティブ・アクションの熱心な推進者で、中絶の権利を容認し、ブッシュよりは左寄りだ。もちろんパウエルは改革派でも左派でもないが、人種問題に関するパウエルの穏健な主張は、黒人の多くにとって我慢できる範囲のものだ。何しろ共和党陣営にいる人間の発言にしてはなかなか筋が通っているのだから。だが同じ黒人の共和党議員といっても、J・C・ワッツのような対極の例もある。オクラホマ州選出の下院議員だったワッツは、筋金入りの保守派だ。パウエルの信条はクリントン政権の八年間に流れていた人種中心主義に通じるものがあり、人種問題に関してリベラル色の濃い穏健派であるパウエルは、新自由主義のクリントン政権になら仲間が大勢いただろうが、ブッシュ政権でははみ出し者だ。

またパウエルの考えが、黒人の地位向上を阻害するブッシュの内政に何かしら影響を与えるとも考えられない。一見黒人にとって有利に見えるパウエルの登用も、政治的には落とし穴だらけだ。パウエル以前に国務長官を務めた黒人がひとりもいないのは事実だ。だからパウエルが就任することに誇り《プライド》は持てたとしても、富裕層の税金は減額し、貧困層のための福祉や教育予算を切り捨てるブッシ政策の重圧をもろにかぶる黒人たちには、たいした慰めにはならない。何しろパウエルが指名されたポストは保健福祉サービス省ではなかった。それならば彼も福祉改革にいくらか貢献できたかもしれないのだが。

またパウエルは司法長官になるような教育は受けていないので、人種政策をつかさどる司法省で人権派を選んで仕事をさせるという芸当もできない。そのかわりに役目を仰せつかったのは超保守派のジョン・アシュクロフトで、彼の考え方は黒人の権利擁護とは正反対だ。悪い予兆のように、アシュクロフトは早速、ミズーリ州最高裁の黒人判事ロニー・ホワイトを連邦最高裁判事に任命する人事を無効にした。つまりブッシュ政権にとってパウエルの存在価値は、多分に象徴的なものなのだ。加えて人種の顔として閣僚に名を連ねるパウエルの存在は、仮にパウエルにすすめられようともけっしてリンカーンの党に入ろうとはしなかった黒人の大多数にとっては害にしかならない政策の隠れ蓑に使われている（二〇〇三年、よりにもよってマーティン・ルーサー・キング・ジュニアの誕生日にアファーマティブ・アクションを攻撃したブッシュの仕打ちを忘れることはできない。パウエルが強く推進している政策に反対するボスを引きとめられなかったということは、黒人閣僚たちのプライドが保守派として、やはり限られた価値しか大切にしていないことを露呈したといえるだろう。もっともライスは、アファーマティブ・アクションに重きをおいていない。彼女のこのスタンスからも、黒人の多数派の利益や価値を代表しない黒人に誇り《プライド》を持つことの虚しさがわかるというものだ)。

ライスとペイジは指名された当時、政治家としての資質はあまり知られていなかったが、このふたりを指名したこと自体に、ブッシュの人種政策の本質が表れている。ライスはスタンフォード大学の教務局長で、ジョージ・H・W・ブッシュの大統領時代には国家安全保障担当次官を務めたが、アファーマティブ・アクションには積極的でなく、ブッシュの提唱する「アファーマティブ・アクセス」なるもっと手ぬるいやり方を好んでいた。スタンフォードでも教授陣に黒人を招聘するのに驚くほど消極的で、スタンフォードに負けず劣らず保守的体質のデューク大学などとくらべても後れをとっていた。また国家安全保障問題でブッシュ父に助言した内容をみると、肌の色は黒くても、生粋の保守主義者であることは疑いの余地もない。

ペイジのほうは、黒人やラテン系の生徒が多数を占めるヒューストンで六年のあいだ教育長を務め、強引なやり方で明暗入りまじった結果を生んだ。毎年定期的に標準学力テストを実施したのがブッシュからおおいに支持されたところだが、テストの平均点は伸びたものの、その陰では基準に達しない生徒が切り捨てられていった。またペイジは税金を私立教育助成に振り向けて、これもブッシュや黒人たちからも歓迎されたが、貧しい家庭には悪影響があった。教育バウチャーの魅力は抗いがたいものだったが、家計がほんとうに逼迫している家庭では、結局満足に教材費が払えず、いい結果を望めるだけの余裕がないのだ。

ライスが国家安全保障担当補佐官に指名されたのは——その四年後には、とうとう黒人女性としてははじめての国務長官に大抜擢される——右派が黒人女もタカ派外交政策をまくしたてるだけならその辺のエリートと同じくらいには信用できそうだというためのようだ。ペイジに関しては、黒人の教育長であっても、一部の黒人を持ち上げ、他の大多数を見捨てるような政策を遂行できるという点が買われたらしい（「ひとりの落ちこぼれもつくらない」はマリアン・ライト・エデルマン子ども防衛基金のスローガンで、ペイジが教育長官の職を離れる前に彼の監督ではじまった構想だが、標語とは裏腹に何百万という貧しい黒人やヒスパニック、先住民の子どもたちが落ちこぼれにされた）。

黒人の進歩を著しく損なうような方面に尽力する人物に、黒人のプライドを見出そうとするのは、健全でもないし、建設的なことでもない。皮肉なのは、パウエルもペイジもライスも、ひとつには多人種包括主義の証明として選ばれ、その意味では結局のところ、ろくな結果を出さなかったことだ。ブッシュ政権に彼らがいても、黒人の大多数、特に貧しい労働者で、守られるすべもなく社会的に見えない存在にされてしまっている人たちの利益はまったく顧みられなかった。パウエルやペイジ、ライスを要職につけた共和党政権が教えようとした教訓は、黒人のすべてが同じような思考回路を持っているわけでないこと、われわれの思想もけっして一枚岩ではないことだ。

だがわたしたちがほんとうに学ばなければならないのは、おそらく、肌の黒さを、黒人集団を助けてくれる進歩的な政治の顔だと、短絡的に解釈してはいけないということだろう。とりわけその顔が、黒人や、革新的な民主主義にかかわろうとする人々を抑圧する政策に微笑みを浮かべるとしたら。

もうひとつ突出した例を考えてみよう。それは黒人なら、エリート家系に生まれついた黒人、あるいは努力してエリートの地位を手にした黒人に誇り《プライド》を感じるだろうと見込まれていることだ。

黒人エリートは、低い地位にいる黒人たちを下に見て、仲間内から賞賛されるよう頑張る一方、取るに足らないものとして相手にしていないはずの黒人層からも尊敬されることを期待する。黒人の利益を損ねるような保守派の黒人政治家を誇りに思うのも困ったことだが、ごく普通の黒人たちをいやしめることを誇るような人間に誇り《プライド》を感じるとしたら、自分を憎悪する行為以外の何ものでもない。

わたしがその意を強くしたのは、数年前、ニュージャージーのジャック・アンド・ジルという集まりに招かれて話をすることになったときだった。ジャック・アンド・ジルというのは黒人上層家庭の子女を集めて交流を促し、自分たちは特別だという意識を高めることを狙いにした活動だ。

生まれてこの方、非エリートのわたしは、この活動は大きな誤りを犯していると見ていた。現にデトロイトの労働者の家庭で育ち、見るからに上流でないためにジャック・アンド・ジルのメンバーにばかにされた経験もあって、この手の連中には特に軽蔑を感じてもいた。

わたしはデトロイト郊外のとびきり高級な地域にある全寮制の高校に進んだが、それは主としてはじめてできたガールフレンドの父親が援助してくれたおかげだったから、地位を鼻にかけた黒人からしたら大した手柄ではなかった。一年後には学校から放り出されてしまったのだからなおさらだ。結局わたしはデトロイトの貧民街に戻って一〇代で子持ちになり、福祉の世話になり、ようやく大学に入れたのは二一歳になってからだった。

ニュージャージーのジャック・アンド・ジルの催しは、物書きを数名招いて、自分の仕事について順番に話してもらうという内容だった。わたしの番が来て立ち上がったとき、わたしは悪魔にとりつかれたように底意地悪く、積年の恨みを晴らしてやろうと意欲満々だった。この手の会合には生涯近づくことすらできない兄弟姉妹のために、少しは点数を稼いでやろうと思っていた。

「わたしの仕事は、ニッガについて、書いたり、考えたり、批判したり、思いを寄せたりすることです」

会場は束の間息を呑んで静まり返った。

「ニガーではありません。これは白人の人たちがあざけりを込めて使う言葉です。わたしはニッガと言いました。それはエリート黒人たちから批判的なあら探しの目で見られている黒人の人々のことです。そのような目で見るエリートの黒人たちは、金持ちの黒人とそのほかのアメリカ黒人とのあいだには、本質的かつ存在論的な違いがあると考えています」

使命をまっとうするために次にわたしが言ったことは、聴いている人の多くにとっては驚きの告白となった。

「わたしがニッガのことを一生懸命書くのは、たぶん、何かにつけて思い出させられることですが、わたし自身がそのひとりだからです」

エリート黒人について書かれたものを読むと、このときの光景が頭をよぎる。ローレンス・オーティス・グレアムの『わたしたちのような人々（Our Kind of People)』のときはことにそうだった。これは啓発にあふれ、何度も胸を打ち、最後には胸の悪くなる本だ。なぜならこの本が、ジャック・アンド・ジルの集まりで、そしてその後『ビル・コスビーは正しいか？　黒人中間層は良心を失っていないか？（Is Bill Cosby Right? Or Has the Black Middle Class Lost Its Mind?)』を書いて、わたしが少しでも揺さぶりをかけたかった黒人エリートの偏狭さというものを、むしろ賛美しているからだ。

幸いなことにニュージャージーのジャック・アンド・ジルはグレアムが取り上げた人々よりはるかに柔軟で自己批判できる人たちで、わたしがおしまいに、労働者階級の文化を反映するために団体名を黒人らしい「ラシード・アンド・シャニカ」に変えたらどうかと提案すると大爆笑してくれた。おかげでわたしも、黒人エリートが一様にスノッブだという考えを見直してみる気になったのだった。

だがグレアムの本を読む人たちが、悲しいほどに金もうけ第一で、自分がいかに重要かを誇示し、白人エリートに追いつけ追いこせ的なエリート黒人文化に対する批判精神を読み取ることはまずできないだろう。もちろん、グレアムの本に先立って、社会学者のE・

フランクリン・フレイジアが『ブラック・ブルジョア（Black Bourgeoisie）』で辛辣に、だが克明に、キャリア志向と自己嫌悪に満ちた黒人エリートの世界を描いて見せる前から、黒人エリートが利己的でいつも物ほしげにしているという画一的な見方は根強くあった。『わたしたちのような人々』は、その見方を一層強めた。

見るべき部分もある。グレアムは黒人エリート界の内部の人間としての目で、途方もない数の成功した黒人を集めている。黒人エリート自身による、はじめての黒人エリートの大規模調査だ。交尾習性（常に金持ちと）、肌の色の好みの傾向（常に明るめ）、理想の髪質（常にまっすぐ）などなど随所に黒人支配層に関する科学的考察がちりばめられている。

厳密に科学的手法にのっとってはいないまでも、普段はなかなか人目につくことのない黒人アメリカの大きな一断面——たとえば「コスビー・ショー」の格付けで話題にのぼり、黒人自身も含めた誰からも、そんな家族はいるわけがないという議論の種になるようなときにしか人の目に触れることのない層の内実をとらえた、鋭い民族誌として読むことができる。そしてもちろん、グレアムの本が暗にいわんとしているのは、黒人文化も、その表現も、貧民街に押し込められた黒人の生活という紋切り型のイメージにまみれているのはおかしいということだ。だが、黒人像がステレオタイプだからといって、エリート黒人が立場に恵まれない同胞たちを軽んじたりあざけったりしていいことにはならない。『わたしたちのような人々』でインタビューを受けた三〇〇人以上の黒人エリートの言葉は、悪意と激しい自己弁護に満ちたものだ。

類書には見られないグレアムの本の特徴は、これでもかとばかりに、ごく限られた黒人特権階級の性向に分け入っていることだ。好きなもの嫌いなもの、罪とうちうちのしきたり、そしてとりわけ徳（多くの黒人エリートは黒人の福利のために小切手を切るのは熱心で、人種の不公正を正すために闘っている——黒人富裕層が不利益を被らないように）と悪徳（黒人エリートは貧しい黒人を憎み、中間層を見下し、徹底した金もうけ主義でスノッブだ）に。

こうしたよからぬ信条に対しては、グレアムは時折、穏やかに苦言を呈している。監督教会派や会衆派の黒人がその宗派を選んだ理由を、「単に多くの黒人が属していないから」だと言って、「つむじ曲がりで世間体第一」と批判してもいる。

一方、投票所への交通手段のない有権者を車で送迎したり、相談活動や、若者に勉強を教えたりといった、黒人女性団体（リンクスやガール・フレンズ、ドリフターズ、それにアルファ・カッパ・アルファやデルタ・シグマ・シータといった女子学生クラブ）、黒人男性団体（ブーレ、全国ガーズマン協会、ワン・ハンドレッド・ブラック・メン、そしてアルファ・ファイ・アルファやオメガ・プシ・ファイといった男子学生クラブ）が行っている社会活動を数多く取り上げているのもすばらしい。しかしそれだけで、黒人エリートを黒人として誇り《プライド》に思うのは難しい。何しろそうしたすぐれた活動も、多くのエリートが貧しい黒人を攻撃する言葉を読むと、土台から崩れていってしまうのだ。

グレアムの描く黒人エリート像は、意図に反してひどいものになった。それはグレアムが、黒人大衆にとっては黒人エリートが、黒人上流層にとっての差別的白人エリートと同じくらい胡乱な存在であることに気づいていないためだ。グレアムが取り上げた団体のほとんどは、その団体に属するメンバーから推薦を受けなければ入り込めないようなものばかりで、躍起になって血統を保とうとする同族婚のごとき習慣を守っている。悲しいことにグレアムは、それがどれほど悪いことかに思いいたらない。黒人を見下す白人専用カントリークラブでウェイターをした体験を書いた『クラブの一員（Member of the Club）』ではとびきり辛辣で皮肉な視点を持っていたのに、そのカントリークラブに負けないくらい閉鎖的で、野心と黒人大衆を見下す尊大さがふんぷんとし、下々の黒人からは距離をおこうとしか考えていない人々の世界を垣間見せようとするグレアムからは、辛辣な舌鋒はすっかり影を潜めている。

次に引用するのは、リンクスのサンフランシスコ支部のメンバーの言葉だが、グレアムの本には、最初から最後まで似たような意見が転がっている。

「少し思い上がっているように聞こえるかもしれないけれど、リンクスのメンバーでない女性と付き合うのは、単に時間の無駄だって思うんです。リンクスに入っているかいないかで、その人の育ちがまともかどうか、価値観が同じかどうか、自動的な振り分けになっているの。わたしももうすぐ五〇だし、毎日忙しいわ。ちゃんとした条件のない人に割く時間はないの。お金も学歴もある白人の女性は、大学から落ちこぼれたような普通の家庭の人とは付き合わないでしょう。だからわたしだって」

グレアムの本で、ほとんどあからさまに前提とされていることを、まことにうまく言い得ている発言だ。つまり、金持ちの黒人は、とりすましていて、教養があって、スノッブで、高圧的で、了見が狭くて、自己中心的で、そして思い上がっている――そう、金持ちの白人とまったく同じに。だから、どれだけたくさん模倣できたかで人種が向上したかを測るのは危険なのだ――黒人社会ができるだけ白人社会と似てくればそれで万事うまくいく、というのは。しかも、白人による人種差別は嘆いていても、黒人のエリート主義は満足に批判もできないとしたら。そのような悪習を誇り《プライド》にするとしたら、自己嫌悪以外の何ものをも生まないだろう。

結局のところグレアムは黒人エリートをほとんど批判しないどころか、こびへつらうようにして記録に努めているだけだ。この本はいわば「エリートたちの弁明」で、懸命に学業を修めたり地位を手に入れたりする努力を小馬鹿にし、成功するための資質を持っているのは結局のところ自分たちだけ、といわんばかりの上流気取りの偽善者たちを持ち上げたにすぎない。

こうした態度はグレアム自身にも共通することで、たとえばジャック・アンド・ジルのメンバーがグループをもう少しオープンなものにしようとした平等主義を批判してこう言っている。

「グループがもっと多様な参加者を求めるとか、オープンにすべきだという考えにはわたしのなかでたじろぐものがある……グループは変わるもの、変わるべきものだと考えるメンバーがひとりでもいることは、うれしくない」

アフリカ系アメリカ人は分化したグループだ。学者の世界やテレビや映画のなかでだけ通用するような、一様に病的で自己破壊に満ちた社会というわけではない。けれどもそうしたステレオタイプの黒人観を払拭することを狙った本のなかに、破壊的で病的な黒人観があふれてしまったのは皮肉というしかない。黒人のありようはたしかに、豊かで幅広いものだ。けっして貧民街か、はたまた他人を容赦なく蹴落としてでも這い上がるかの二者択一ではない。

この両極端のあいだを探ろうとすることは、スクリーンで人種を背負って立つという重荷を負っている俳優たちにとって、黒人としてのプライドを抱く原動力となる——あるいはそのために、黒人として恥辱や嫌悪を味わい、時にはそのすべてが入り混じった思いを抱くこともあるかもしれない。そんな葛藤を生きている俳優たちが同業者たちから最高の栄誉を与えられたら、黒人としてのプライドは何層も跳ね上がることだろう。たとえ栄誉を受けた俳優の演じた人物が、裏表がありそうで、問題を抱え、人種偏見を助長するようなタイプであったとしてもだ。

二〇〇二年、ハル・ベリーとデンゼル・ワシントンがアカデミー賞の主演賞をとったときが、まさにそのケースだ。ふたりが演じた役柄は、ハル・ベリーが人種差別主義のパートナーとの生活の恐怖から性的にも精神的にも逃れようと必死になっている女性で、デンゼル・ワシントンのほうは道徳観念のかけらもなく、スマートに女あさりをしまくる悪徳警官だった。だがふたりがオスカーを受け取った瞬間は、黒人のプライドにとってもひとつの頂点だった。

黒人女性としてははじめての主演女優賞のオスカー像を受け取るために壇上に向かったハル・ベリーは手放しで泣いていて、像を受け取ったあと、しゃくりあげながら、「きょうのこの機会は、わたしひとりよりずっとずっと大きな意味のあることです」と言った。

主演男優賞も黒人としてはまだふたり目だったのに、デンゼル・ワシントンがあくまでも冷静に受け取り、オスカーをちらりと見て「ひと晩で二羽の黒鳥ってわけだね」と薄く笑った態度も、同じくらい大きな意味があった。ひとりははっきりと外に表し、ひとりはどこまでも内省的に、両者のその対照的なスタンスからも、ハリウッドで人種を背負う重さがよくわかる。

ベリーは知性あふれるスピーチで聴衆を驚かせ、自分がオスカーを得たのは、ドロシー・ダンドリッジやリーナ・ホーン、ディアハン・キャロルといった先達のおかげだと思い入れたっぷりに述べて聴衆を感動させた。いま同じように活躍している黒人女優のアンジェラ・バセットやジェイダ・ピンケット・スミス、ヴィヴィカ・フォックスらの名前をあげて、競争と自己愛で人の心はばらばらと考えられがちな芸能界でも、姉妹愛を忘れていないことを見せてくれた。

だがベリーは、先祖から同時代の人たち、そして未来へと思いをはせて語ったとき、彼女が賞を受けたことが象徴している意味をはっきりと口にした。世界中で中継を見ている大勢の人々に、どうしても知っておいてほしい歴史の教訓を伝え、同時に、勇気を持って大衆の側に立つことを訴えたのだった。ベリーは涙を流しながら、自分の賞は「名もなく、顔もないすべての有色の女たちに」与えられたものだと宣言した。これからはあなたたちにもチャンスがある、こうして「扉は開かれたのだから」と。黒人のプライドをこれほどまでに雄弁に語ってくれた言葉があっただろうか。

ベリーの勇気、そしてその率直な誠実さは、残念ながら成功を収めた黒人のなかではめずらしいことだ。金、名声、評判、そして仕事。多くの人が世間の注目を浴びたいと熱望するけれども、また多くがその重圧にしり込みしてしまう。そんななかで、ごく普通の兄弟姉妹たちが耐えている苦難を、そしてほんとうのところをいえば、自分自身も耐えている苦難を、日常的に声に出し、訴えようとする者はさらに少数だ。実際、努力の末に地位を勝ち取った黒人に、暗黙の了解があるようだ。もしあえて大勢の意向に反するようなことをすれば、成功の可能性は小さくなる、あるいは当然もらえるはずの賞ももらえなくなる。さらには、消えない烙印を押されるかもしれない、と。

バスケットボール界のスター、チャールズ・バークレーの発言がおおいに物議をかもしたことを思い起こしてみればいい。あれはちょうど、二〇〇二年のアカデミー賞発表が迫った時期だった。ゴルフ界には人種差別がはびこり、黒人は毎日偏見と戦わなければならず、黒人スポーツ選手は怯えて声をあげることすらできないでいる、と彼は言ったのだ。黒人たちが怖くて声もあげられない、というのは黒人の多くがふざけて互いに言い合う冗談にすらなっている。だからベリーがしたことは、何から何まで勇敢だった。自分が成し遂げたことは、いまや世界中の名もない有色の女性にとっての希望だと彼女は言った。ベリーを見ていると、普通の人が普通でないことをしたいと願う気持ちを、言い訳がましくなく晴れやかに代弁してみせることが、こういう場面での黒人のプライドのひとつの示し方だと得心させられる。

一方デンゼル・ワシントンは一見したところ普通の黒人の側に立ち、「代弁」したようには見えないかもしれない。だがそれは、黒人文化に貫かれている重要な政治力学を、おおいに見誤っているのだ。ワシントンは受賞のスピーチをするとき、バルコニー席を見上げた。そこにはその晩名誉オスカーを授与されて、堂々たるスピーチを披露したばかりのシドニー・ポワチエが座っていた。

「シドニーのあとを追いかけて四〇年……」

ワシントンは、よりによって、自分のあこがれの先輩が表彰された日にオスカーをくれるとは、ポワチエもアカデミーも人が悪い、と嘆くふりをしておどけてみせた。そうすることで彼は、束の間、自分と先達とのあいだに親密な橋を渡し、あたかも「この賞はあなたとわたしのものです。わたしたちはのけ者じゃない。誰よりも大事なんです」と言葉を交わしたかのようだった。それは、短いけれども雄弁な時間だった。ワシントンは汗ひとつかかず、自分が同業者のなかでも最高の栄誉とされる賞を受けるのは、少々時間はかかったけれども、さも当然のことであるかのようにふるまった。ベリーとは正反対の彼の姿勢は、とても政治的なものだった。賭け金が異常に吊り上がり、冷静にしていなければ特権者たちに踏みにじられてしまうかもしれないとき、ほんとうに肝の据わった黒人だけにできるポーカーフェイスだ。けっして節操なく相手に寝返っているのではないし、特権にしがみつくために、卑屈に権威におもねっているわけでもない。むしろ障壁を打ち壊し、自分の負けと引き換えに壁が崩れたことを認めさせるための戦略だ。

どちらのやり方も——名づけるなら良心作戦とクール作戦とでも言おうか——特にハリウッドを変えようと思ったなら、絶対不可欠だ。良心は人々に知識を提供し、気持ちを奮い立たせる。映画産業にはもっと白人以外の企画を実現するプロデューサーや監督、脚本家や幹部社員が大勢必要であることを訴える。また、映画産業の内外で正義を求めて真摯に闘った黒人たちの、記憶を呼び起こすことができる。一方クールは研鑽を積み、実践する。映画というすばらしい芸術の細部にまで注意を払い、機会あるごとに誠心誠意技能を発揮して、さらに機会を広げていく。この両方のやり方をちょうどよくとりまぜたのが、ジェイムズ・ブラウンの詩かもしれない。

「誰も何もくれなくていい／ただドアを開けてくれ、自分で手に入れるから」

ブラウンの歌詞は、自分で何かを成し遂げようとするプライドの究極の形——黒人のプライドのなかでは、得てして忘れられがちな側面だ——を表している。それは、何かを懸命に追い求める喜び、そして追い求める人の道をふさぐ壁を、あとから来る者のために取り除こうと努力する喜びを際立たせ、何もないところから、望みを持って大きな成功を収めていくまでの、数限りない物語にこだましている。

つまり黒人のプライドの最終的な目標は、同じプライドをたくさん生み出すこと、そして後に続く者、ともに進む者が成功できる土壌をつくることだ。であれば、壁を越えた人も、立ち上がった人も、「やり遂げた」人も、みな賞賛に値する。その人たちはまさに、プライドが生み出した成功のモデルであり、自分もやってみようという気持ちをかき立てるもととなるからだ。

クワイシ・ムフームは、そんな風に、わたしたちが尊敬できる人物、尊敬すべき人物だ。彼の人生は自伝『ノー・フリー・ライド（No Free Ride）』に語られているとおり、アメリカの黒人のひとつの典型だ。人生の敗残者になることが運命づけられているように、貧しい家庭に生まれ、荒んだ地域に育ち、家族はほとんど教育を受けていない。そんな人間が、不運に立ち向かい、自分を押しつぶしてもおかしくなかった世界の頂点に立って、宿命に抗ったのだ。何度聞いても、わたしたちの胸は誇り《プライド》でいっぱいになる。どんな教訓を引き出そうとして、どんな形で語られようとも。

ムフームは一九四八年に、フリゼル・グレイで生まれた。おばのひとりに「おちびちゃん」とあだ名をつけられたほど小さな子で、一二歳になるまでターナー・ステーションで暮らした。そこは「住民のひとり残らず黒人の肉体労働者の街で、チェサピーク湾の西岸にひっそりとのっかっていた」。

比較的静かな黒人街での暮らしにも、はじめから暗雲がたれこめていた。父親が恐怖で家庭を支配していたのだ。ムフームや三人の娘たちから愛情を受けてもそれを返すことはせず、母親を殴った。しかし一九五九年、ムフームは多くを語らないが、「父はある日仕事に出かけ、それっきり帰ってこなかった」。当時ムフームにとっては母メアリが世界の中心で、彼は母親のために必ず身を立てなければと強く決心したのだった。

だがひとり息子へのメアリの期待が報われるにはかなりのまわり道が必要だった。ムフームが一二歳のときに一家は西ボルティモアに引っ越し、荒っぽいストリート暮らしを生き抜くのに彼は必死だったからだ。

ムフームが一六歳のとき、メアリはガンのために、息子の腕のなかで息を引き取った。母の死の衝撃はムフームを下へ下へと追いやり、立ち直るのに五年もの歳月が必要だった。ムフームは頭はよかったが成績は上がらず、高校を中退して「つまらない職を転々とし、狭苦しい部屋に寝起きし、時間を無駄にした。その頃の自分は、悪いことをたくらみ、いたずら、いかさま、喧嘩に明け暮れていた。これといって目標もなく、長続きしないものばかり追いかけていた」。二二歳になる頃には、結婚しないまま五人の男の子の父親になっていた。

つまずきだらけだった若い頃の自分を語るのは、もちろんムフームが記憶の政治的な効能というものを承知しているからだし、それをわたしたちにもあらためて伝えようとしているからだ。過去には常にいまという未来があることを、そしてわたしたちが過ぎ去った日々の経験に立ち返り、語りなおしたいと願うには、現在の自分にそれをするだけの理由があるということを。

しかし過去は、特に個人の口で語られる過去は、単なる出来事の羅列ではない。それは出来事がどのように、そしていかなる事情でそうなったか、なるしかなかったかを否応なく教えてくれる。慎重で、なおかつ力強いムフームの語りからはそこかしこから、彼がどうやって政治的な視点を身につけ、深めていったかをうかがうことができる。彼が自分の過去と、そこからの苦闘の歴史を、いまの政治的立場——つまり、NAACP全国黒人地位向上協会の新任会長——から見つめ、現在の貧しく抑圧された人種の人々に重ね合わせていることは明らかだ。

このように、ムフームが自分を打ち負かそうとする力を打ち負かしていった変身の記録は、抑圧された人種が、人生を立て直す設計図でもある。これは何も目新しい考えではない。「わたしの物語」は、「わたしたちの物語」を映し出し、「わたしたちの物語」の大切な一面であり、「わたしの物語」があるから、「わたしたちの物語」に一層の力を与えることができるという考え方は、しばらく前からあった。

フレデリック・ダグラスからアンジェラ・デイヴィスまで、黒人たちの自伝は個々人がどんな工夫を凝らしてきたか、どんな気高い目標を掲げてきたかを列挙する手がかりであると同時に、人々がいまにいたるまでに頼りにしてきたものの記録であり、黒人の夢へ向かう格闘の集大成でもある。その意味でムフームがみずからの転身——頭も心も再生を誓った印にガーナの名前を選んだこと、高校卒業資格を得るために学校に戻り、大学の学位も取ったこと、学生運動にいそしみ、ディスクジョッキーとして働いたこと、ボルティモア市議会議員となり、次には連邦下院議員となって、ほとんど独力で議会内黒人会議を復活させたこと、ＮＡＡＣＰでの活動、そして上院に出馬するという公約——を綴った回想録は、人はみずから再生することができるというアメリカの神話と、アフリカ系アメリカ人も人種として向上することができるという神話とを融合した新たな境地を開いたといえるだろう。

「あんなに深い灰のなかから、自分はなぜ、ここまで高く昇ってこられたのだろうか」街角にたむろする若いギャングたちの顔を見ながら、彼は考える。

「彼らは救いがたくもなければやり直しがきかないということもない。希望もなく、助けることもできないということもない。あの少年たちはもうひとつのアメリカの一部だ。どんな大都市にも、小さな町にもいる、とらわれて行き場を失っている若者たちだ。彼らのそばを車で通るとき、わたしたちは必ずドアをロックする。彼らは死をもてあそび、わたしたちがどこまで耐えるかを試そうとする。一〇代も半ばで親になり、あまりにも早く人生をあきらめてしまう。……わたしの物語は彼らの物語だ。人間の生がどんなに危ういものかを、そして成功と失敗の対立を調停しようとする神の力があることを、絶えず思い出させてくれる」

説得力をもって心に訴えてくる回想録のなかで、ムフームはけっしてジョン・ウェインやロナルド・レーガンのようなアメリカ的な英雄の領域に足を踏み入れてしまわないよう、慎重を期している。もちろん彼は、黒人の人々が、醜く融通のきかない社会のなかでなんとか自分たちを上向けようと個人的に力を尽くしてきただけに、等身大以上に英雄視される人々と並んで、テーブルに着く資格があることはわかっている。けれども彼は非常に賢明だし、幾多の嵐を潜り抜けてきたので、肌の黒い者たち、地位の低い者たち、そして不平等の遺産のために人生が出発点から不利を負わされている人々に課せられている限界が、いまだにあまりにも決定的であることをよく知っているのだ。

自助が有効なのは、黒人たちが懸命になって磨こうとしている自分たち自身にも、国がその市民すべてに約束している機会を公正にあてがわれるときだけだということを、ムフームは知っている。『ノー・フリー・ライド』を読むと、ヘンリー・デイヴィッド・ソローが正しかったことがよくわかる。隣人より正しい人がいるとして、とりわけその隣人がうぬぼれた政治家で、彼らがいまは破壊してやろうとしている社会経済的援助を受けて利益を得てきた者たちだったとしたら、隣人より正しい者こそがたったひとりの多数派なのである。

●

黒人のプライドは、誇りにするのが肌の色であれ、政治であれ、社会秩序であれ、文化であれ、困難を乗り越えてきた自分自身の歴史であれ、可能な限り、自分たちを愛せるくらいには自由でありたいと願う意志に根ざすものだ。自分を愛することに、弁解も後悔も必要ない。

わたしたちはこの宇宙に、愛に満ちた肯定の空間を刻もうと、尊い犠牲を払い、道徳的にも政治的にも苦闘を重ねてきた。その意味を知り、真価を理解してはじめて、黒人たちは自分を評価し、みずからを尊重できるようになる。

わたしたちは、プライドによって自分たちの正しい目標を曇らせてはならないし、外の力に黒人のプライドを悪用され、黒人のプライドを、黒人の真の進歩をくつがえすのに利用させてはならない。黒人のプライドは、敵意に満ち、理の通じない社会でも、高潔な精神を保ち続けて前へ進もうとする黒人にとってのみ、本当の意味で健全で建設的なプライドでありうるのだ。だから黒人のプライドがあれば、この国で、そして世界中で圧制の犠牲になっている人に寄り添い、有無を言わせず国家のプライドを迫ってくる声に、立ち向かうことができるだろう。

高潔なる国家のプライドをあらためる方法は、純粋な宗教以外にはない。強大な国家は、敗北によって無力感に陥り、プライドをへし折られることもあるだろう。しかし高潔なる国家の場合は、道徳的な批判によっても、政治的な批判によっても、打ちしおれることはない。なぜなら比較という見地から、その国家はまさに高潔であるからだ。

アングロサクソンの民主主義の伝統は、公正なる世界秩序の基盤となりうる可能性を持っている。しかし現実の歴史においては、アングロサクソンの世界では、幾多の侵害が行われ、公正の原則と対立する出来事に満ちていた。「神の見地から」アングロサクソン世界は公正ではなかった。そしてアングロサクソン世界の人々も、みずから神の目で詮索し、すなわち比較的にではなく祈りを込めてみずからの歴史を振り返り、自分たちの成功と他者の敗北とをくらべるのではなく、自分たちに何が求められているかという観点からみずからのあり方を測れば、そのことに気づくはずである。こうして悔恨を込めて自分たちの罪を認めれば、徳によって卓越するという幻想は砕かれ、みずからの国家の「品位」を理解する基盤を築くことができるであろう。

今日の世界においてわたしたちが占めている位置は、自分たちがつくったわけでもない歴史の複雑な要因と力関係から得たものであり、わたしたちには、何らそこから利益を得る資格はないのだ。もしこのことを宗教的に理解するならば、運命の感覚はプライドを養うための道具ではなく、あらたなる責任を刻むための機会となるだろう。

――ラインホルド・ニーバー『アングロサクソンの運命と責任』
（Anglo-Saxon Destiny and Responsibility）

第6章
アメリカのプライド

プライドを悪徳、あるいは罪であるとみなす場合があるとしたら、国民としてのプライドを語るときに、たしかにそのとおりだといえるだろう。もちろん自分の国にプライドを持つことそのものが悪徳ないし罪であるとは限らない。つまるところ自分の国に愛情を抱くのは、世界中どこの市民であるとしても健全な心情だ。だがその愛が妄信に変わると、プライドは不穏な力を帯びる。国民としての一体感を妄信すると、国境を越えた世界のなかで、自分の国が果たすべき役割を市民がきちんと認識する力を奪ってしまう。アメリカは最後の超大国であるため、この国が世界のなかでどういう役割を果たし、わたしたちが自分の国をどう見るかということが世界に与える影響はとりわけ大きい。国民のプライドの功罪は、何よりも強く、二〇〇一年九月一一日のテロリストによる攻撃以後、わたしたちアメリカ国民が抱くようになった自国像に見ることができる。

9・11はいまやアメリカの想像の中心にある。わたしたちがこのテロの問題に心を奪われているという事実は、とりもなおさず、いかにわたしたちの視野が狭かったかという現実をあぶりだす。ほかの国々、そしてアメリカのなかにあって主流ではない人々は、もう何十年ものあいだ、ずっとテロに苦しめられてきたのだ。この事実はまた、いまわたしたちが国として、非常な不安を感じている現れでもある。9・11が重大な事件であったことは認めるにせよ、わたしたちは同時に、国家が自国の市民に対して行ってきたテロも認めなければならない。

9・11はまた、真のアメリカ市民とは何かを定める試金石ともみなされている。ところが残念なことに、アメリカ市民、とりわけ非白人の市民にとって同じくらい重要と思われるいくつかの日付は、見過ごされたり排除されたりしているのが現実だ。教育理論家のグローリア・ラドソン＝ビリングスが言っている。

昨今この国に住む多くの人が、9・11以前、9・11以後という言い方をするようになっている。たしかにいま、この日付は非常に重要な意味を持っている。けれどもこの日付が目的論的な断層となるかどうかは、歴史の検証を待たねばならない。

わたしにとって、時代と年表を分かつ日付の組み合わせはいくらでも考えられる。

一九六八年四月四日（キング牧師の暗殺）以前と以後、一九六三年の夏（バーミンガム教会が爆破され、少女たちが犠牲になった）以前と以後、一九五五年の夏（エメット・ティル暗殺）以前と以後。どの出来事をとっても、わたしはその後安心でなくなり、守られている感じがしなくなり、自分がアメリカ人だと胸を張って言えなくなる気がした。

ところがいまはどうやら、自分の「ほんとうの」市民であると主張する分岐点として、9・11を使わなければならないようだ。市民であることに求められるそのほかの要素は、大小問わずすべてこの新しい基準のもとに組み敷かれてしまった。新聞でも放送でも、そのほかあらゆるメディアで、くり返し、くり返し、この新たな基準が喧伝されている。

ラドソン＝ビリングスはまた、9・11のテロ攻撃以後アメリカは「もう前のアメリカには戻れない」と声高に言うほど、例によって悲劇を招くような政治的対応の実態を見えなくすると指摘している。当局は即座に、「アラブ系、中東系アメリカ人を厳重な監視下におき、その自由を制限する必要性」を言い出しているし、「市民の権利の制限を狙った提案がいくつもなされている——司法制度による裁きでなく軍事法廷を使う、大統領府の文書の閲覧を制限する、国家への忠誠を強要するなどがそれだ」。
ラドソン＝ビリングスは、こうした動きが起こるのは、「わたしたちが変わってしまったからではなく、むしろ、いともたやすく過去の行動パターンに、過去の論説にたちかえってしまうことの現れだ。過去の行動パターンはほとんど常によくない結末へと進んでいった。今回と同じような反応が、パール・ハーバーのあとにも見受けられたのだ」とも言っている。ラドソン＝ビリングスが説明しているように、９・11攻撃によって、ほんとうのアメリカらしさを決めているものが何かということを論じ合うのはむしろ難しくなってしまい、テーブルに並べられた選択肢はむしろ減ってしまった。

難しいのは、９・11のせいで、わたしたちは以前自分たちがそうであったのとちょうど同じように（あるいは、まず不可能だけれどもそれ以上に）、以前の自分たちらしくなろうとしていることだ。攻撃以前には、アメリカ人とは何かということを議論の対象にすることができた。それは流動的な概念で、無数のやり方でつくられてはつくりなおされていた。ある側面を見れば、非常に多様な言語集団があった。英語をしゃべる人たち、スペイン語、フランス語、クレオール、ベトナム語、モンゴル語の人たち、と。また別の側面では、さまざまな宗教が信仰されていた。さらにはまた、さまざまな人種、階級、ジェンダー、性的指向、健常か障害があるかということもあった。いずれにしろそれは、はっきりと決まり切った概念ではなかった。

9・11後まもなく、誰がアメリカ人であり、何がアメリカ人らしさであるかは、固定した強固なイメージとなった。そして、そのイメージには異論や疑いをはさむ余地はほとんどない。このままでは、誰がアメリカ人なのか、そして誰が、あるいは何がアメリカ人「ではない」のか、排斥主義や偏狭な考え方が舞い戻ってくるのではないかとわたしは危惧している。

アメリカ市民の条件を狭めたがる傾向は、9・11のもたらした帰結のひとつにすぎない。もうひとつの帰結が、国民一般に蔓延する不安感だ。アメリカの経済力と軍事力の象徴ともいえる世界貿易センタービルとペンタゴンが攻撃されたことは、われわれが人民として、めったに抱いたことのない無力感を浮き彫りにした。それがテロの忌まわしいところだ。敵に究極の不安感と恐怖を植えつけ、それが市民のあいだに、混乱と悲しみと怒りと行き先の見えない感覚と、そして何より不安をもたらす。テロの脅威が現実にあるということ、そしてわたしたちがその影のもとで無力であるということがあいまって強く意識されると、わたしたちは世界中の犠牲者たちとあらたな思いで連帯することもできる。あるいは、自分のことにだけやみくもに没頭し、国民のプライドの悪辣な面が強められてしまうかもしれない。哲学者のマーサ・ナスバウムはこの現実をとらえて次のように書いた。

世界は停止した――それはアメリカ人にとって、経験したことのない瞬間だった。アメリカ以外の場所で、人類に災厄が降りかかるとき、世界はそのように止まるのだ。洪水、大地震、サイクロン、そして、予防することは可能なはずの栄養不良や病気によって、毎日のように失われる何千という命――そのどれひとつとして、これまでアメリカ人にとっての世界を立ち止まらせはしなかった。どれひとつとして、アメリカ人の悲しみや同情の大波を引き出しはしなかった。現在も進行する戦闘で罪もない市民が犠牲になっても、同じように、散発的な反応が気まぐれに見られるだけだった。

さらに悪いことに、「われわれ」だけが重要であるという考え方は、いとも簡単に、「彼ら」を想定して悪魔と同列視することに転じていく。「彼ら」――すなわち何より大切な「われわれ」、つけ込まれる余地などないはずの「われわれ」を攻撃し、プライドを傷つけようとする敵とみなされる、部外者の一群だ。アメリカの同胞を思いやる気持ちは、いともたやすく、それ以外の人々や国を打ち破り、屈服させて、アメリカが頂点に立ちたいという願望に転化していく。

テロを行った当人に対して怒りを抱くのはいたってまっとうなことだし、彼らに公正な裁きを受けさせたいと願うのは当然だ。しかし「われわれ―彼ら」という思考は必ずしも本来の問題に留まっていずに、アメリカの優位と「彼ら＝他者」の屈服とを求める声になりかわっていきやすい。

だがもしアメリカがいまこのように感じているとしたら、世界でどれだけの人々が毎日このような現実に立ち向かわなければならないでいるか、わたしたちがこれまでいかに無頓着であったかを告白しなければならない。わたしたちは、恣意的に行われる地下鉄爆破という暴力からくる精神的な傷など味わわずにすんでいるし、純血を信奉する者たちから組織的に加えられた暴力の余波を受け継ぐ集団の悲しみからも免れている。そしてまた、市民から略奪してまわる民兵の銃弾や銃剣からも、おおむね守られているのだ。

テロに苦しむ世界が目に入らないだけでなく、わたしたちは、世界中で行われている不公正に、恥ずかしいことに自分の国がどれほど加担しているか、深く否認して見ないようにしている。アメリカのプライドと、それを守るためにわたしたちが行使する手段とによって、わたしたちがあからさまに、あるいはそれとわからないように征服してきた国々の人々にとっては、わたしたちはテロリストなのである。何も9・11のテロを正当化しようというのではない。ただアメリカが、狭い了見で国益を追い求め、中東をふくむほかの国々に対して、良心のかけらもないやり方をとってきたことを忘れてはならないというだけだ。

現在わたしたちがアメリカ人として国際的に恨みを買っているのは、主としてわたしたち自身がそうした地域の植民地主義者や帝国主義者を擁護してきたためだ。ＣＩＡが、ソ連軍を撤退させようとしたアフガニスタンの反政府ゲリラに、何百万ドルという資金を提供していたことを忘れてはならない。皮肉なことにオサマ・ビン・ラディンは、アメリカでももっとも悪名高い政府組織であるＣＩＡとの関係に後押しされて、さまざまな不法行為を行うことができたのだ。

アメリカはある場所では不公正に立ち向かう高潔な役割を果たすけれども、別の場面ではむしろ不公正を広げる悪事に手を貸し、残念ながらその両者を混同してしまうことが多い。キリスト教神学者のラインホルド・ニーバーは、第二次世界大戦でナチス・ドイツと帝国日本とに立ち向かう正義の側についたあとのアメリカに、注意を喚起している。

昨日のわれわれはたしかに神の審判の執行者であった。しかし古来の国々に対する預言者の警告を心に留めておくべきであろう。神の道具となったことを鼻にかける国々は、今度は自分たちが神の審判のもとにおかれ、滅ぼされるだろうと……もし虚栄の果てにある災禍を思い起こす必要のある国があるとしたら、力と勝利に驕っているわれわれがその国である。

それから数年後、ダグラス・マッカーサー元帥が朝鮮戦争下の一九五〇年に満州地方を爆撃しようとしたことに、ニーバーはかつて書いた虚栄と、元帥の作戦とを引きくらべて警告している。

大国は強大で、敵によって滅ぼされることはない。しかし大国であっても、みずからのプライドによっては容易に足をすくわれる。古来の預言者はバビロンの滅亡に先立ってそのようなプライドを感じ取ったというが、いまこの危機的な時代にあって、わたしたちの国もまたそのようなプライドに幻惑されそうになっているのではないかという不安を感じずにはいられない。

ニーバーの警告は、いまわたしたちが体験している「危機的な時代」すなわちテロの時代にも十分に当てはまる。

残念ながら、アメリカの意志を驕り《プライド》と結びつけようとする見方は、愛国的ではないとして切り捨てられることのほうが多かった。テロの時代の現在は、一層その傾向が強い。異論を唱える表現――国民が一丸となって信じ、国民としてのプライドを支えている事柄に風穴をあけて、プライドを害するような表現――はいま、反アメリカ的と決めつけられてしまう。国が栄えるためには不可欠な活力源であるはずの批判の声を抑え込もうとする、悪意に満ちた策略だ。自由な言論と開かれた議論が保証されていなくては、民主主義の将来は破滅だ。異議を唱える声は、多くの場合、国の良心の声なのである。ニーバーの預言的な声は二〇世紀の前半に警鐘を鳴らし、後半にはマーティン・ルーサー・キング・ジュニアの声が、自由と民主主義を求めて高らかに響き渡った。

「神はアメリカがいま世界においてしていることをするように求められてはいない」

キング師は、卑怯な人種差別テロリストの手によって死にいたらしめられるちょうど二カ月前、アトランタの説教壇に立ち、とどろくばかりの声で演説した。

「神はアメリカに、無意味で正義のない戦争をするよう求められてはいない」

ここで言われているのはもちろんベトナム戦争のことだ。彼は公衆の面前で異を唱え、愛国者ではないと非難された。道徳的な反逆者だと告発された。ロイ・ウィルキンスやホイットニー・ヤングといった黒人指導者は（後には多くの国民同様、キング師が勇敢だったこと、彼の見方が正しかったことを認めたけれども）、口をそろえてキング師を批判した。それでもキング師は、この国がかつて生み出した最高の愛国者のひとりなのだ。この国の最良の部分を最悪の部分から守るため、命をかけて闘ったことがその証明だ。テロと戦争の影で何が倫理にかなうのかを探ろうとするのなら、異論や反論は国の繁栄を促し、政治的な立場を明らかにしてくれることを思い出すといいだろう。キング師の反戦行動が示してくれるのは、国を愛することと、ナショナリズムはまったく別物だということだ。

●

国を愛することとは、自分の国の最大の価値が何であるかに照らして、批判精神を忘れずに肯定することだ。もし国が過ちを犯したなら、正そうとすることも必要だ。一方ナショナリズムは、国の道徳観や政治姿勢にかかわらず、無批判に国を支持することである。愛国主義（patriotism）はpatriaつまり競争ではない国への愛という語からきている。それが一九世紀になってナショナリズムの概念に領土をめぐる競争が加わって以来、国を誇りにするプライドが不愉快で問題をはらむようになったのだ。このように見ると、愛国主義は「自己遡及的であり」、一方「ナショナリズムの感覚は本質的に比較に基づいているものであって、その比較はほとんどもっぱら下へと向かっていく……愛国者は競争的でなく、ナショナリストは競争的だ」。加えるに、愛国主義は「往々にして自国の社会制度や価値に意義があると信じる態度であるのに対し、ナショナリズムは国際的な秩序のなかでいかに自国の国益を進めていくかを訴えようとする」ものだ。「わたしの国だ――正しくても間違っていようとも」といった標語には、まさにこういう偏狭で意固地な国家のプライドが表現されている。国家の、そして国民としてのプライドを語るとき、あまりにもしばしばナショナリズムが愛国主義を圧倒してしまう。このふたつを混同すると、自分の抱いている感情が国への愛なのか、妄信なのかもわからなくなる。キング師はけっして混同しなかった。

一九六一年、リンカーン大学の卒業証書授与式でのあいさつで、キング師はアメリカン・ドリームを賞賛し、独立宣言を取り上げて、「これほど雄弁に、かつまた明快な言葉で人間性の尊厳と価値を表現した社会政治の文書は、世界の歴史を見渡してみてもほとんど例がない」と褒めたたえているし、一九六三年にリンカーン記念堂の前で、有名な「わたしには夢がある」の演説をしたとき、自分の夢は「アメリカの夢に深く根ざすものだ。その夢とは、いつかこの国が立ち上がり、『すべての人は平等につくられたという真実が自明のものであると考える』という信条の真の意味を実現することだ」と再確認しているのである。

けれどもキング師は、アメリカ社会の根底にある矛盾を理解していた。リンカーン大学卒業式でのあいさつの際、キング師は「わたしたちの国の建国の父たちがこの高貴な夢を夢見て以来、アメリカはあたかも人格が分裂していたかのように、分裂し、痛ましいことに自分自身の理想に対して抗ってきたのである」と語った。キング師の理解するところでは、アメリカは民主主義を唱道しながら、適用する際には場面に応じて民主主義を実践したりしなかったりしてきた。さらにキング師は、自分の国が国際社会における一市民であるという見方を捨てて、自国だけを称えるような孤立主義的なナショナリズムが危機をもたらすことも理解していた。他国との関係を軽視するようになれば、自分の国への忠誠心が間違った方向へと転じて、道徳的な原則よりも偏狭な国益を優先させよと主張するようになるかもしれない。

キング師は教会での説教で、ベトナムにおいてアメリカが「世界中のどの国よりも多くの戦争犯罪を犯した」と述べ、それをわたしたちが止めないのは、「国家としての傲慢な自負心《プライド》のためだ」と言った。

その説教に先んじて、暗殺されるちょうど一年前の一九六七年に、ニューヨークのリバーサイド教会で記念すべき「沈黙を破る時」の演説をしたときには、キング師はナショナリスティックな感情を抑えて、国際主義を持つことを主張した。

彼は強い口調で、「世界規模で仲間としての連帯を求め、部族や人種、階級や国家を超えて隣人を思いやる心情を高めることは、結局のところ、すべての人を受け入れ、無条件で愛することにつながる」と訴えた。ベトナムにおけるアメリカの戦争犯罪について述べた説教――いみじくも「鼓手隊長の本能」との題がつけられている――では、他人を押しのけてトップになりたいという個人の衝動や、世界を制圧したいという国家の衝動を詳しく述べ、「わたしの崇拝する神は言われる、『わたしと戯れるな。心を穏やかにし、わたしが神であることを知りなさい。もしあなたが向こう見ずな前進をやめないのなら、わたしが立ち上がり、あなたの力の柱をへし折るだろう』と。これはアメリカにも起こることだ」と結論づけたのだった。

マーティン・ルーサー・キング・ジュニアは、大勢に異議を唱える預言者の役回りをみずから果たしていたけれども、だからといって、けっして彼の故国を愛する気持ちは消えなかった。真の愛国者は、愛するが故に真実を告げることを恐れない。キング師が健全な愛国主義を、狭量なナショナリズムとはき違えることはけっしてなかった。偏狭なるナショナリズムは多くの場合、民族の偏見と人種テロをその旗の内に包み込み、十字架に掲げているのだ。

9・11以来、アメリカ中で宗教上の信念とテロ行為との関連が強調されている。メディアでも、教育の場でも、信仰の場においてさえも。しかし宗教とテロの関係を考えるには、三つの重要なポイントを押さえておかなければならない。まず、宗教上の信条は、背景にある政治的な環境によって、それが社会にあってどう表現されるかが左右されるということ。だから、国のプライドと宗教による結束とが融合すると――イスラム国家の一部のみならず、わたしたちの国でも奨励されていることだ――悲惨な結末を招く恐れがあること。第二に、わたしたちが心配しなければならないのは、宗教的な信念のなかでも極端なものだということ。最後に、テロは単数ではなく、あくまでも複数形だということだ。この三点を思い起こすのは、すなわち、宗教的信条のもとに敷かれた圧制は、その犠牲者にとってはテロであると強調することだ。そして同時に、国家に無批判なプライドを持てば、国家が自国の市民に対して行っているテロの存在を見ないようにする方向へ行きやすいことを、よく理解できるようになるだろう。

世界貿易センタービルを、ひいてはアメリカという国家の安全観を粉砕したテロに、そしてそれに対するわたしたちの反応に、宗教が色濃く影を落としているのは否定できない。世界貿易センタービル攻撃の容疑者とされるふたりの人物が借りた車の遺留品にコーランが含まれていたことから、宗教への固定観念に火がついた。西側の人間の多くは、イスラム教が狂信を奨励し、西側の生活様式を憎悪していると信じている。

本当のところは、イスラム教の教義は、平和と人類の協同を説いているのだ。だがどんな宗教でもそうだが、宗教はそれが根ざしている文化や社会的背景によって、実社会での現れ方が影響を受ける。たとえばアフリカのキリスト教は、古来の部族信仰と融合して、強力で他の地域にはない混交宗教となっている。

アメリカでは清教徒であった建国の祖、ピルグリム・ファーザーズの価値観や経験が宗教理解に反映して、世界の政治的秩序に、アメリカがいつ、どのようにかかわるべきかが影響を受けた。そのためにキリスト教を信奉するアメリカ人の多くが「明白なる運命」説を受け入れ、また、神が奴隷制を支持し、奴隷制によってその後黒人の人間性が奪われていくことも神の意志だと信じた。アメリカの国民性を無批判に誇り《プライド》とすることはナショナリズムへとつながり、愚かしい信念や行動を助長した。また、イスラムの教えが盛んなアラブ諸国などでは、絶望的な貧困と、アメリカの帝国主義が中東の安定を脅かしたという考え方とがあいまって、ナショナリスティックな心情をあおり立て、それがアメリカへの反感を生み、宗教に鼓舞されたグループに暴力的な破壊の道を選ばせた。

しかし宗教の名のもとに暴力を使うのは、イスラム教の専売特許ではない。キリスト教もユダヤ教も、神の命によってテロを行うと主張する信奉者の例には事欠かない。実のところ、特に外からの目で見ると、ある宗教でもっとも目立つのはもっとも過激な部分なのである。

宗教的信条のために喜んで殺人を犯そうとする信徒は、獅子身中の虫だ。それがオクラホマであれ、アフガニスタンであれ。世界貿易センタービルとペンタゴンへの暴力は、宗教が行った攻撃ではなく、信徒が行った攻撃だ。宗教を捻じ曲げ、誤って解釈することで、わたしたちの存在を保ってきた心の伝統が奪い取られるのを許してはならない。宗教がずっとわたしたちを支えてきた伝統だったからこそ、この国でも、世界の多くの国々でも、テロのあと大勢の人が保護と慰安を求めて、信仰の場へと駆け付けたのだ。9・11のあと、モスクに、寺院に、シナゴーグに、アシュラムに、教会に、聖堂に人々が詰めかけ、司教や導師、ラビ、シャーマン、司祭や牧師が聖典を読み、信徒たちが目の当たりにした、口にするのもはばかられる蛮行を、言葉にして吐き出すことに手を貸したのだった。宗教によって植えつけられた自国への妄信に対抗する最良の方法は、宗教を糧に、熱狂的なプライドやナショナリズムを批判することであるかもしれない。

一方、9・11のテロ攻撃によって、わたしたちにとってはいささか受け入れがたい真実があらためてあぶり出されている。この国の宗教心はしばしば、テロを支持し、人々にテロの犠牲を強いてきたという事実だ。

奴隷制の歴史では、一六一九年に交易がはじまって以来、アフリカから生身の人間を仕入れることを正当化するために、神学理論が駆使された。肌の黒い人々を未開と決めつけ、人間以下とみなして信じがたいほど残酷に扱うことも、国中の教会でそれを肯定する説教が説かれ、援護された。

もっと時代が下り、公民権運動が盛んだった頃、白人の教会はクー・クラックス・クランや白人市民会議といったテロ集団と手を組み、黒人の社会進出を妨害するために、去勢やレイプ、リンチ、殺人にいたるまでの手段に訴えて、黒人の抵抗と蜂起を沈黙させようとした。

白人にとってのアメリカのプライドと白人の優位とは、破壊行為という形をとって切っても切り離せない関係だった。わたしたちの国では、女性も、信仰や宗教実践からくるテロにさらされてきた。宗教団体は絶え間なく、女性の人権を抑圧することに手を貸してきた。選挙権も、生殖決定権も。例をあげればきりがない。教会で、シナゴーグやモスクで、あたかも女性は社会的に、かつ経済的に劣等であることが宗教教義であるかのように喧伝されてきた。その上どの宗教集団にも、女性への暴力は正当であるとみなす極端な考え方が存在し、しかもそれは社会秩序を保つひとつの手段として、政府からさえ大目に見られてきた。

もうひとつ忘れてならないのが、レズビアンやゲイ、バイセクシュアル、トランスジェンダーといった性的マイノリティの市民へのテロだ。これもまた、性的マイノリティには属さない国民たちの多くが、見過ごしにし、あるいは知っていて冷やかしの目で眺めてきた。同性愛に社会的落伍の烙印を捺すこと――そして時には同性愛の人々に対して暴力にものを言わせること――を宗教が容認することは、この社会のあちこちであたかも当然のように受け入れられてきた（実のところ、ゲイやレズビアン、バイセクシュアル、トランスジェンダーに付された汚名をすすごうという願いを「プライド」の語に託す社会政治運動は、みずから『プライド』を名乗っている）。

たしかに、9・11で起きたことと人種やジェンダー、性のマイノリティの被っている抑圧とを単純に比較はできないという人が多いだろう。だがそれでも、9・11でわれわれが目にしたことと、人種差別、性差別、同性愛排斥の犠牲となっている人々が経験していることとの根底には同じ偏狭な信念があり、その信念に鼓舞された結果として、暴力行為が行われている。

宗教は本来、社会のもっとも打たれやすい人々、無防備な人々を支え、神の名を騙る暴力に反論するものであろう。たとえその要因が、全世界の注目を浴びることであっても、歴史のページの裏に忘れられてしまうようなものであっても、同じことだ。

実際、苦しみながらも歴史の合間に埋もれてしまう人々がいるからこそ、わたしたちは容易に目に見える暴力や苦しみばかりを言いたてず、あからさまな苦悩を、埋もれがちな人々の苦しみと結びつける努力をしなければいけないのだ。そうすることでわたしたちは、いかなる宗教信仰にも通用する、ほとんど普遍的ともいえる倫理の基準に行き着くだろう。それはすべての暴力の犠牲者に心を留め、たとえ世論や国家の自己像やプライドを揺さぶることになっても、犠牲者とともにあるいは彼らにかわって、正義を見出す側に立つことだ。

同時にわたしたちは、政治的に健全なすぐれた社会の市民としての基準も見出さなくてはならない。社会の健全さの尺度は、われわれの市民的自由権と、それを支えている社会の自由が守られるように、間断なく努力するところに現れる。なんといっても戦争の最初の犠牲は常に言論の自由だからだ。現在の風潮に照らしていえば、テロリストの把握のために電波監視を大々的に広げようとしているブッシュ大統領の施策を公に批判することだ。それが実際には、アメリカ市民の監視のために、不当に使われる可能性があるからだ。さらに、テロリストの訴追に軍事秘密法廷を使おうという考えは、民主主義を支えている原理を根底からくつがえす。現時点でのブッシュ政権の合法的手段の裏には、大統領が守ると称している社会の道徳や法体系を脅かしかねないテロリズムが隠れているのだ。

たとえば司法省は「テロとの戦争」においては、収監されている人とその弁護士との会話を盗聴する計画があると発表した。問題は、圧倒的な権力を持つ司法省は、テロとの戦いの陰で、特定の収監者を苦しめたり陥れたりするためにこの手段を悪用できるということだ。こういう場合、特に政治犯は攻撃の的になりやすい。国家が勝手気ままに権力を行使して、アメリカ政府に対する批判者を手軽に罰することができるようになってしまう。最悪の場合、ジョージ・オーウェルの描いた圧制さながらに、真実が操作され、捻じ曲げられてしまうだろう。しかも、有害なテロの徴候からアメリカを守るためという触れ込みで、実際にはわたしたち自身の政府の行為によって本当のテロがもたらされる。下劣なナショナリストによって無条件にプライドがひけらかされるとき、わたしたちの民主主義は危うくなっている。

そんな情報操作を受け入れるほど自分たちが権力に屈服することが信じられないという人には、この国の人種と政治の歴史の記憶をあらたにしてもらいたい。ＦＢＩの対破壊者情報活動ＣＯＩＮＴＥＬＰＲＯを思い出してみるだけで事足りるだろう。これは一九六〇年代から一九七〇年代にかけて、「黒人革命家」をはじめとする反政府活動家つぶしを狙った政府の作戦だった。革命家たちの「犯罪」は、人権や自由、民主主義といったアメリカの美辞麗句とその理想が実現されていない嘆かわしい政治の現実との溝に橋をかけようとしたことだった。

こうした人たちに、政府は政治的いじめプログラムを実行した。生活に侵入して監視し、反愛国者をあぶりだすため、反政府暴動をあおったりした。しかし当時、反愛国者と名指しされた多くは、単にアメリカをあらゆるタイプの市民にとってよくしたいと願って行動していただけで、現在はおおいに尊敬を集めている議員で牧師でもある元ブラックパンサーのボビー・ラッシュもそのひとりだ。

一九六九年にはフレッド・ハンプトンとマーク・クラークというふたりの立派なアメリカ人がシカゴ警察に殺された。ふたりはイリノイ州ブラックパンサー党員だった。この事件は、テロリストのレッテルを張られた政治活動家に対して、盗聴もふくめて違法な手段で取り締まろうとすることが、殺人にまで発展する危険性をはらんでいることをあらためて思い出させてくれる。

一九六九年は、人種問題に異様な緊張がみなぎっていた時期だった。マーティン・ルーサー・キング・ジュニアがその前年の一九六八年に殺され、公民権運動の主導権は、軍事対決色を強めた黒人党派に移りつつあった。キング師の死を受けて、黒人パワーと社会革命の先ぶれのように、黒人解放の機運が高まっていた。

一九六六年にカリフォルニア州オークランドで、ボビー・シールとヒューイ・ニュートンによって結成されたブラックパンサー党は、人種解放闘争の転換期のもっとも人目を引くシンボルになっていた。大方のイメージとは裏腹に、ブラックパンサー党のいちばんの関心事は、困窮した地域に社会福祉をいきわたらせることだった。彼らはまず、都会の貧困地区で、朝食と教育を提供する活動をはじめた。ただパンサー党は、白人至上主義の暴力に、武装して自衛することをすすめていた。そのためパンサーたちが自衛を余儀なくされたとき、そもそもの白人の暴力を差し引いて報道する偏見に満ちたメディアのせいで、パンサーたちは犯罪者であり、政府を破壊しようと企んでいるという汚名を着せられたのだ。たしかに破壊的な行動に出たパンサー党員も何人かはいた。だが悪徳警官の例と同じように、少数派の行動のせいで全体を非難するのは不公平というものだろう。パンサー党の大きな目的は、政治や社会、経済の不平等に対して粘り強く抵抗し、公正な社会を築くことだった。

フレッド・ハンプトンはとても人望の厚い二〇歳の活動家で、一九六九年当時は、一年前に加わったパンサー党のイリノイ支部長になっていた。彼は才能に恵まれた学生で、パンサーに加わる前はシカゴ地区全国黒人地位向上協会の組織委員だった。ハンプトンは、一七歳で仲間になったペオリア地区のマーク・クラークと、シカゴ西部の五カ所で朝食をサービスし、無料診療所の建設に奔走し、鎌状赤血球の罹患者を探して戸別訪問し、クック郡病院の血液搬送を手伝っていた。ハンプトンはさらに、地元のギャングの少年たちを集めては改心させ、経済困窮と戦う階級闘争に参加させる活動も指導していた。彼が自分の国の政府からの憎悪を勝ち取ってしまったのは、ひとえにハンプトンが成功を収めたからだ。ことに彼はFBIのCOINTELPROの目を引いた。COINTELPROは、汚い策略と不当な手段で武装し、アメリカに真の自由と民主主義を実現しようとした革命組織を卑劣な手段で攻撃した。COINTELPROは一九六七年からハンプトンに関する情報を収集しはじめ、蓄積したデータは四〇〇〇ページ以上に及んだ。さらに彼らは、ウィリアム・オニールという重罪人をスパイに送り込んだ。告訴を取り下げてもらうのを条件に、パンサー党の内部に入り込んだオニールは、まんまとハンプトンの警備隊長の役についた。

オニールがパンサーの本部になっていたウェスト・サイドのアパートの設計図を描き、それをもとに、クック郡のエドワード・V・ハンラハン州検事の指示を受けた十数人の警察官が本部を急襲したのは、一九六九年一二月四日の午前四時半だった。ハンプトンはオニールに鎮静剤のセコバルビタールを大量に飲まされ、襲撃を受けても、ほとんど起き上がることすらできなかった。ショットガンを抱えて寝ていたクラークは、まっすぐ胸を撃ち抜かれた。彼が反射的に引き金を引いて放った散弾一発が、その夜のパンサーの唯一の反撃だった。ハンプトンが妊娠八カ月半の身重だった婚約者のデボラ・ジョンソン（現在はアクア・ヌジェリと名前を変えている）と一緒に寝ていた部屋には、九〇発の弾丸が雨あられと降り注いだ。ジョンソンは怪我をしたものの生き延びたが、ハンプトンは肩に銃弾を受け、その後部屋に入ってきた二人の警官に頭を撃ち抜かれた。

ほかにもパンサー党員が複数負傷したが、この非道な犯罪の責任をとって一日でも服役した警察官はひとりとしていない。ハンプトンとクラークが殺害されたのは、われわれの政府が国内からテロリストを排除するという名目で、殺人という手段さえ正当化したことの結果だ。いまテロの災厄と立ち向かおうとしているわたしたちは、そのことをおぼえていなければならない。それが国境を越えたどこかから企てられるテロでも、この国の歴史にいつまでもつきまとって離れない内側からのテロであっても。

そしてもうひとつ忘れてならないのが、マーティン・ルーサー・キング・ジュニアでさえもＦＢＩの標的となり、民主主義の敵として盗聴されていたことだ。キング師の事務所も、自宅も、宿泊するホテルの部屋も。

ＦＢＩ長官のＪ・エドガー・フーヴァーは、盗聴の結果キング師が共産主義者でアメリカ政府の転覆を企んでいることが証明されると豪語した。キング師はたしかに急進的な民主主義者で、死の前夜にも語っていたように、アメリカの行動が「紙の上で述べていることと完全に一致する」ことを強く求めていた。けれどもこの伝説のアメリカのヒーローは、政府を守るという口実のもとで悪意に満ちた反民主的なやりくちの餌食になっていた。

マーティン・ルーサー・キング・ジュニアを盗聴したことは、長い目で見れば単に政府自身を傷つけただけだった。政府に異を唱えるのは合法であり、しかも政治的に有用であると認めることができなかったのだから。しかも盗聴に正式な許可を与えた当時の司法長官がロバート・ケネディで、兄であるジョン・Ｆ・ケネディ大統領もすべて承知していたことを思うと、背筋が寒くなる。

もし少しでも公正を保とうとするならば、わたしたちはテロリストを国際法廷にゆだねなければならない。国際法廷はニュルンベルクからボスニアまで、戦争犯罪の訴追にすばらしい手腕を発揮してきている。民主主義の名のもとに再び誤った正当化を重ねないためには、それ以外にない。究極の防衛手段は、結局のところ公正にふるまうことなのだ。たとえ国外の敵を相手にしているときであっても。そうでなければわたしたちは、自分たちが非難しようとしている恥を知らないテロリストと同じになってしまう。

もちろん、わたしたちに、狭い意味での国益だけを追求しようとする国家の役割を考えさせるきっかけとなるような政府の行為は、ブッシュによるものだけではない。前司法長官ジョン・アシュクロフトが9・11後に打ち出した対テロ策にも大変おぞましいものがあり、デトロイトの共和党議員ジョン・コンヤーズはアシュクロフトの「戦時宣伝機械がフル稼働し」ていると評した。

手はじめに二〇〇一年一〇月、アシュクロフトは全米の検事に、二〇〇〇年の一月以降に移民ビザ以外の渡航条件で入国した一八歳から三三歳までの男性五〇〇〇人の居所を突き止め、「任意で」事情聴取するよう命じた。五〇〇〇人のほとんどがイスラム圏から来ていた。次いで、9・11後、全国でイスラム教徒がひそかに拘留されはじめた。さらに二〇〇二年の三月、アシュクロフトは事情聴取の対象をさらに広げ、以前に加えて中東出身で二〇〇一年一〇月から二〇〇二年二月のあいだに入国した一八歳から四六歳までの男性三〇〇〇人の調査を指令した。

そして最後に二〇〇二年三月、連邦政府はバージニア州北部で、アルカイダやハマスといった宗教過激派に財政支援を行っているとみなされた家庭、企業、非営利団体の事務所などを次々と家宅捜索したのだ。

ひとつひとつをとってみても市民の権利を侵害し、個人の品位を傷つける恐ろしい行為だが、まとめてみると、これは特定の民族集団への迫害以外の何ものでもなく、第二次世界大戦下に親日派といわれた人々に向けられた行為をほうふつとさせる。アシュクロフトは当時、司法省の活動を擁護するために、もっともらしい理由をふたつ用意していた。ひとつはイスラム教徒の人種的背景を調べれば、何か重大な手がかりが必ず出てくること。もうひとつは、イスラム系の人々から事情を聴くことで、アメリカの司法とアラブ系住民との関係が良好になるということだった。

重大な手がかりに関しては、司法関係者の証言で、特段の成果があがらなかったといわれている。入国者やビザの持ち主をたどる体制はお粗末で、司法省の報告書によると、リストにあった四七九三人のイスラム教徒のうち、探し当てて事情聴取できたのは二二六一人に留まった（「調査されたのは五〇〇〇人どころか、たったの二二六一人だったではないか」という反論も聞こえてきそうだが、民族や国籍以外に何ら正当な根拠もなく事情聴取を受けたのだから、むしろこれは「二二六一人も余分に」と言うべきだろう）。

司法省の報告は、この二二六一人のうち何らかの犯罪で逮捕されたのが三人、テロリストとして訴追された者はひとりもいなかったことを認めている。

イスラム教徒を事情聴取すれば、アラブ系アメリカ人との関係がよくなるという観測にいたっては、笑止千万というしかない（その論理に従うなら、二五歳から六五歳までの白人男性を全員、脱税かドメスティックバイオレンスの疑いで聴取してみればいいのだ。さぞかし良好な関係を築けることだろう）。

いい関係づくりのための事情聴取というのが屁理屈にすぎないことを証明してくれるのが、司法と黒人の関係づくりだ。司法省が黒人をせっせと事情聴取した結果は、ほとんどが他愛もない軽犯罪で投獄される黒人の数を爆発的に増やしたことだった――黒人の観点から見れば、関係づくりは完全な失敗だった。

人種をしぼった事情聴取と、抗弁機会のない拘留、そして不法な家宅捜索は、わたししたちの国が逆テロを行っているという確信を強めるだけだ。もしわたしたちがテロリズムを根絶したいと願うなら、わたしたち自身が対策を行う上で、自分たちの主張する原則をないがしろにすることはあってはならないだろう——公正、真実、そして自由の原則を。

正しい結果を得るために正しくない手段をとるならば、それは単に法の道筋を捻じ曲げることではなく、テロに対抗するために踏ん張っている倫理の脚を、みずから切り離してしまうことだ。問題の多い方策を実践して哀れなほど正当化する様子を見ていると、いまのほうが論法は巧みになっているとはいえ、第二次世界大戦中に日系住民が被った辛酸が思い出される。日系住民のほとんどは模範的な市民だった。ことに敵性市民の収容所から解放されたあとは、大切な自由のために率先して戦ったのだ。

ブッシュの行為と司法長官としてのアシュクロフトの対応は、いまアメリカにあらたなナショナリズムと無批判なプライドの潮流が席捲しているひとつの現れだ。それは愛国的正しさというものだ。愛国的正しさは政治的正しさの変種だが、おもしろいことに愛国的正しさを掲げる多くの人は、政治的正しさをむしろ攻撃していた手合いだ。

アメリカ黒人はもともと愛国的正しさから遠ざけられてきた。なぜならわたしたちは、奴隷として労働力を無償で搾取され、奴隷の時代も解放されてからもさまざまな文化的貢献をむしり取られ、軍隊のなかでは多くの犠牲を強いられ、国家との関係は一方的に虐げられるものでしかなかったからだ。フレデリック・ダグラスは、独立記念日の意味を探る伝説のスピーチで、一九世紀における黒人の愛国観というものを鋭く突いているが、これはそのまま、現代の多くの黒人の心情に当てはまる。

●

アメリカ奴隷にとって、あなた方の七月四日とは何か。わたしが答えよう。その日は一年中のどの日よりも、自分が絶えず苛まれている不正や残酷さを一層強く感じる日なのである。あなた方の祝賀はまやかしだ。あなた方が誇る自由は、穢れた赦免状だ。偉大なる国は虚栄に満ち、歓呼は無情に虚しくこだまする。圧制を告発する声はまがいもので、自由と平等の叫びは中身のないものまねだ。祈りと讃美歌も、説教と収穫の感謝も、あなた方の宗教の華やかな荘厳は、奴隷にとっては単なる見せびらかし、偽装、不実な偽善にすぎない。蛮行のあふれる国をなお辱める犯罪を隠匿するための、薄っぺらなベールでしかない。いまこのとき、地上にはアメリカ合衆国ほどに残酷であきれはてた罪を犯している国はない。

どこへなりと出かけ、赴くままに探し、王制や独裁の旧世界をさまよってみるといい。南アメリカをまわり、あらゆる暴挙を見つけてみるといい。そして最後のひとつを見出したなら、集めてきた事実を、この国で毎日行われていることのとなりに並べてみるといい。そうすればあなたもわたしとともに、残忍非道で恥を知らぬ偽善にかけては、アメリカが世界に群を抜いて君臨していると言うようになるだろう。

毎年七月四日にこの国が誕生日を祝うたび、アメリカ黒人はこの国における自分の立場を考える。わたしたちはこの国をとても愛しているので、だから国を批判することもできるのだ。

黒人の多くが抱いているこの引き裂かれた感情を見事にとらえた、とても引き込まれる誠実な本がある。『いまだよそ者――なぜいまもなお、黒人は祖国にいると感じられないのか（Yet a Stranger: Why Black Americans Still Don't Feel At Home）』という題名が一言で論点を突いているこの本の著者は、コラムニストで社会批評家のデボラ・マシスだ。『いまだよそ者』は、約束は大きいけれどもなかなか実行されないこの国で、忠誠な市民でありながら虐げられている黒人が抱いている背反する感情を探っていく。

「約束の地はどこに?」と題した冒頭の章の最初の文章には、黒人の気持ちが揺れ動く理由が的確に記されている。つまりこの国は、黒人を愛したらいいのか憎んだらいいのか、決めかねているのだ。

「彼女はとても腹立たしいところがあるけれど、わたしはこの母親を愛している。母親だってわたしが必要だ。彼女にもそれはわかっていると思う。でも母親は時々とてつもなく扱いにくくなる。がんこでへそ曲がりで恩知らずになる。残酷になることもしょっちゅう。それに意地悪。苦痛や苦労を押しつけてきたりする。それもどうやらそうしてみたいだけのために。けれども毎回毎回、もうわたしが彼女の要求にうんざりして倒れる寸前、意地悪に耐えかねて爆発しそうになる寸前に、彼女はわたしを胸に抱き寄せてあやし、いろんな約束をしてくれる。あるときにはわたしは彼女の目の上のこぶで、次の瞬間には最愛の子どもになる」

マシスは、白人の多くが目にしたこともない暗部から見たアメリカ像を鮮やかに集約した。七月四日の祝祭のあいだ、多くの黒人は休日そのものを返上する。なぜならそこで祝われている自由は、肌の色と、そして時には社会階層によってはまわってこない性質のものだからだ。そうした黒人たちの気分は、ラングストン・ヒューズの物悲しい詩「アメリカをもう一度アメリカに」に共鳴している。

「アメリカはぼくには一度もアメリカじゃなかった／……（ぼくには平等はなかったか

ら／この「自由の祖国」はぼくには一度も自由じゃなかった）」だがふたつの思いに引き裂かれ、揺れ動く黒人もいる。完全に失望しきっている兄弟姉妹と共感する思いを持ちながら、その一方で、黒人の血と汗と涙がこの国を築いてきたと自負しているからだ。その意味で彼らの思いには、マーティン・ルーサー・キング・ジュニアの「わたしはどこへも行かない」という宣言がこだましている。

キング師の言葉はおそらく、下劣な反対勢力に応えたものだろう。この手の勢力は、祖国の自由のために闘う黒人が、愛する故に、ほんとうの愛国心から、アメリカを批判する権利を否定しようとして、「そんなにアメリカが嫌いなら、どこへでも生まれた場所へ帰ればいい」とあきれるほど陳腐なせりふを吐くのだ。しかしマシスも指摘しているように、黒人の「ほとんど――九一パーセント――は、どこでもない、ここで生まれ、ここで生きている」。

9・11のあと、わたしたちの神経がいかにかき乱されたとはいえ、それは、国家への忠誠のしるしとして、国のすることに真摯に異を唱えることさえ沈黙させたり抑制したりする理由にはならない。むしろ、だからこそなおのこと、表現の自由を歓迎すべきなのだ。わたしたちの建国の父が圧制を捨てて民主主義を標榜することができたのも、表現の自由に後押しされたからだ。マシスの著書は、その事実を思い出させてくれた。社会が、政治が、経済が、そして人種勢力が共謀して、この国をいつまでも分断させ、不公正を遺したままにしていることへの、批判の一矢だ。

白人の無意識な人種差別、教室での偏見、金融機関での不平等、自助努力の名目に隠された人種偏見、ヨーロッパ中心主義の促進、犯罪と刑罰の不公正、アファーマティブ・アクションといった人種をめぐるさまざまな問題を、マシスはひとつひとつ丹念に見ていく。こうした要素は、ほとんどいつも無前提に受け入れられている主流派の文化と、ほとんどいつも顧みられることのないマイノリティの文化とを対立させる要因になっている。

だがマシスは批判的ではあるけれども、アメリカに希望を失っていない。

「もちろんわたしは、彼女が危なっかしいノイローゼで、逃げ出したほうが賢明かもしれないと気づいてはいる。そうすれば、彼女にもわたしの気持ちが通じるかもしれない。けれどもわたしは彼女からいいものもずいぶん吸収してきたし、それは置いていくにはもったいないほどいいものだ。だからわたしはここに留まる。やられてもやられても、彼女の魅力にとりつかれて。だって、彼女はわたしの国、わたしの家だから」

けれどもマシスは、人種問題と国家の関係に関してはいたって実際的で、明晰な現実主義者だ。

「それでもアメリカの黒人、つまり盗まれてきたアフリカ人の末裔たちは、一緒にこの国を分け持っているはずの白人と、けっして同じ立場ではない。ここはわたしたちの母国だけれども、わたしたちはそのやすらぎを、十分味わいきれてはいないのだ」

クリス・ロックは黒人の相反する思いを、きわめて辛辣な言葉で言ってのけている。

「黒人からしたらアメリカは大学まで学費を出してくれるおじさんみたいなものだ――そのかわりに、性虐待するおじさんだ」

国家への忠誠が問題となるときに、黒人の多くはどうしても葛藤を抱かざるをえなくなってしまう。だが愛国的正しさを声高に主張する人々は、これまでにそんな葛藤をもたらす背景と向き合う必要などまずなかったのだろう。わたしは大きなスポーツの祭典を通じて、愛国的正しさの風が強く吹いていること、そしてアメリカのプライドの真ん中に、厳然たる人種対立が巣食っていることを実感させられた。それは二〇〇二年一月にニューオーリンズで行われた第三六回スーパーボウルと、同じ年の二月にフィラデルフィアで開催されたNBAのオールスターゲームでのことだった。

わたしはニューオーリンズのスーパーボウルを、あるアメリカの英雄と一緒に観戦した。彼は黒人で、たまたま消防士をしており、9・11のあと消防士といえばアメリカのプライドの象徴的存在である。

大きなスポーツの大会でお決まりの愛国的な気分が誇示されて燃え上がるかたわら、わたしはこの消防士のなかに、アメリカ国内では往々にして見過ごされがちな尊い人格が潜んでいるのを垣間見た。この消防士、スタンリー・パーキンスはロサンゼルス消防局の消防署長で、四〇〇〇人あまりの消防士を抱える部局でこの地位まで上った黒人は三〇人ほどしかいない。パーキンスが現在の地位についたのは一九九三年だが、五八歳になる消防士は一五年間ポンプ士として消防車を運転し、放水する同僚のために水を送り続けた。消防士になってはじめの九年間で、ビルやプレーリー、街路やカリフォルニアに点在する谷間の消火にあたって、何度も命の危険と遭遇している。

しかしロサンゼルスで彼が対決した炎は、ルイジアナとカリフォルニアで成長するあいだに直面してきた貧困と偏見の炎の前では、影が薄い。パーキンスはニューオーリンズ郊外のルイジアナ州アミーテで幼少期を過ごし、ニューオーリンズには親戚がいたので時々訪ねていたという。つましい田舎暮らしの黒人少年にとっては、大遠足だった。一二歳のとき、母親、兄弟たちとともにカリフォルニア州コンプトンに移ったが、それから三〇年ほど経って、西海岸のラップグループNWAがここで起きた暴力抗争を歌にし、いつまでも記憶に留まる街となった。パーキンスの家族はその後、悪名高いロスの貧困地区ワッツの公営住宅に転居させられ、彼はそこで一九六五年のワッツ暴動を目の当たりにした。マーティン・ルーサー・キング・ジュニアがワッツの「暴動は『耳を傾けてもらえない人々の声』だ」と言った出来事を、直に肌で感じたわけだ。キング師が「ホロコースト」と名づけたワッツでの生活を生き延びたパーキンスは、一九六九年に消防署に入団した。黒人採用第一号のうちのひとりだった。

パーキンスは公共の仕事で果たしてきた役割を大切に思っているが、消防局の内部でも、隊員たちからの差別をたびたび経験している。たとえば数年前には、競合する別の署の白人消防士がパーキンスの消防車に突っ込んできて、危うく死にかけている。パーキンスがスピードを落とすよう頼んだのに聞き入れられなかったのだが、後に相手の行動の裏に人種偏見があったことがわかった。それでもパーキンスは、職業上の、あるいは個人的な障壁を粘り強く克服し続け、消防局でも一目おかれる存在となったのだった。

アファーマティブ・アクションを気に入らない向きの思い込みとは異なり、黒人の消防士が認められるためには、白人の二倍働かなければならない。パーキンスの働きぶりがその事実を雄弁に裏付けている。パーキンスと一緒に観戦していたスーパーボウルは格別愛国的な雰囲気に包まれていて、9・11の際に世界貿易センタービルの火災現場で立派な仕事をやり遂げたニューヨークの消防士たちを称える場面では、パーキンスは同じ消防士として誇り《プライド》を見せた。だが彼は、その日現場で命を落とした勇敢な黒人消防士一二人を、メディアがほとんど取り上げないことは嘆いていた。

わたしたちはまた、世界貿易センタービルの跡地にアメリカの旗をもう一度立て、復興のしるしとして白人消防士の像を建てようとする計画のことも話題にした。だがこの計画は悲劇的なドタバタ騒ぎになって、黒人とラテン系の消防士の勇気にも敬意を表するため、一度はつくられた白人消防士像を壊して、多文化を反映した三人組の像をつくる計画があらたに決定された。

愛国的正しさを信奉する人々は、この問題で政治的正しさを主張する人々を非難している。だが新しい像の建設を推進する人たちは、あの日一緒に犠牲になった人たちに、さまざまな民族や文化の背景があったことを認めることこそ、正義なのだという。

ニューオーリンズで、スーパーボウルのにぎにぎしい愛国風潮を目にしながら、わたしはパーキンスの静かな矜持を感じていた。試合前のスクリーンでは、選手たちが独立宣言を読み上げる様子が流され、歴代大統領のフォード、カーター、ブッシュ、クリントンが、夫の代理で加わったナンシー・レーガンとともにエイブラハム・リンカーンの言葉を語る場面が映された（レーガン元大統領も声だけは出演していた）。

ポール・マッカートニーが9・11をテーマにした『フリーダム（Freedom）』を唄い、パティ・ラベルとウィノナ、ヨランダ・アダムスとジェームス・イングラムが、バリー・マニロウとともに『自由を鳴らせ（Let Freedom Ring）』を唄った。これは二〇〇〇年にマニロウが、アメリカ合衆国憲法制定二〇〇年を記念して書いた曲だ。

スーパーボウル36では、いたるところに建国の父たちの精神がみなぎっていた。彼らが人種間の公正や民主主義をどう考えていたかはあいまいだ。悪くとれば、まぎれもなく偽善者だった。それでも建国の父たちの勇気と理念は、華やかなスポーツイベントの隅々に十分感じ取れた。建国の父たちの歴史に残る勇敢さと偽善とを考え合わせてみて、黒人の英雄たちを彼らにふさわしい名声で報いることが逆差別で道徳的に正しくないという人々こそ、誤っているのだと確信した。英雄的な行為をした黒人のアメリカ人もまた、名誉にふさわしい。そしてスタンリー・パーキンス署長は何にも勝るそのシンボルだ。

スーパーボウル36や二〇〇二年のソルトレークシティ冬季オリンピックに劣らず、NBAの二〇〇二年オールスターゲームも、スポーツ大会では普段なら軽蔑されるか、少なくとも無視されるような政治的心情に支配されていた。

たとえば一九六八年のオリンピックで、陸上のトミー・スミスとジョン・カルロスが黒い手に手袋をはめて祖国の運動への連帯のこぶしを突き上げたときには、ふたりはメダルを剝奪され、スポーツ選手としての将来も失った。またモハメド・アリは一九六〇年代後半、ベトナム戦争に反対して世界へヴィ級のタイトルを没収され、各方面からも非難された。

だがいまでは、一般のアメリカ人はアリが姿を見せただけで喝采する。ＮＢＡのオールスターゲームでも同じだった。アリが牙を収め、いまではほとんど脅威でなくなったからだ。

アメリカは、愛国的正しさに異論を唱えようとする素振りさえ見せない。アメリカのスポーツ界――ハリウッドもどうやらそのすぐあとに続いているようだ――はいまや、あるメッセージをとどろかせることに使命をかけているようだ。「アメリカは正しい。そしてアメリカだけがとりわけ、神のご加護を受けている」というメッセージを。過去において、そんな風に考えたことから、わたしたちは深い泥沼に迷い込んできたのではなかったか。つまるところわたしたちは、奴隷制を擁護するときも、ホロコーストから逃れてきたユダヤ人の船を追い返したときも、第二次世界大戦中、日系アメリカ市民をまにあわせの強制収容所に送り込んだときも、いつもそう言っていた。いまアメリカは、一般の人々がそして政治が盛んにアメリカへの忠誠心を表すことに――それはつまり過剰なプライドに染まっている何よりの証でもある――すっかり酔いしれている。そういうときこそ自分たちが間違うはずがない、と言い切る前によくよく考えたほうがいい。

実のところ、オールスターゲームで『アメリカ・ザ・ビューティフル（America the

Beautiful)』を唄ったアンジー・ストーンとアリシア・キーズは、愛国的正しさを手放しで唄いあげてはいない。反対の気持ちをやんわりと示す唄いぶりのあと、はっきりと表明した場面があった。多くの人が国民歌と考える歌に、ストーンとキーズは途切れることなく「すべての声をあげよ（Lift Every Voice)」の歌詞を思慮深く、心を込めて織り込んだのだ。黒人にとっての国民歌を。それはただ単に、自分たちにも誇るべき文化遺産があることを、それとなく匂わせたというだけのことだったのではないだろう。ほんとうに褒めたたえられるべきは、民主主義を求めるアメリカの苦闘のすべてであるということを言いたかったに違いない。

それだけではない。ふたりがアメリカに、そして「すべての人に」神のご加護がありますようにと言ったのは、こういう場面で政治家がよくやるポーズへの抵抗だったのだろう。当局から目をつけられている若いアーティストたちが、良心の赴くまま、勇気を持ってアメリカのプライドを定義しなおす——市民として、もっと健康なプライドに定義しなおす——先鞭《せんべん》をつけようとする姿には、心を洗われる思いだった。

ストーンとキーズの行為は、マーティン・ルーサー・キング・ジュニアが描いた「価値の画期的な転換」という理念に捧げられたものだったといえるかもしれない。キング師の理念は、「自分たちの献身と忠誠はナショナリズムよりはるかに広く、また深く、自分の国の身勝手な目的や立場を超えて責任を負い、名誉を担う義務があると考えるすべての人から」生まれてくるものだった。

キング師は、「まもなく真の意味で価値が転換し、過去の、そして現在のわたしたちの政策がほんとうに公正で正義にかなっているのかどうか、問われることになるだろう」と唱えた。彼が自分の考えのさわりを述べたくだりは、痛烈に心に響く。それは偏狭な国益を追求するのが悪徳であること、自分の国に無批判なプライドを持つのが罪であることを警告する預言の言葉だ。

まもなく真の意味で価値が転換し、貧困と富裕のはなはだしい格差にも目が向けられるだろう。義憤の目を海の向こうにも向ければ、アジアで、アフリカで、南アメリカで、西側の資本家たちが莫大な資金を投資し、相手の国々の社会がどうなるかは一顧だにせず、利益だけを回収しようとしている。

真の意味で価値が転換すれば、それを「正義ではない」と言えるだろう。ラテンアメリカの大地主であるアメリカの同盟者たちにも目を向け、「正義ではない」と言えるだろう。

西洋社会が、自分たちは教えるだけで教わることは何ひとつないと考える傲慢さも、正義ではない。真の意味で価値が転換すれば、社会秩序や戦争について、「このような形で差異をなくそうとするのは正義ではない」と言えるだろう。

来る年も来る年も軍事予算に金をつぎ込み、社会政策をないがしろにする国は、精神的な死に近づいていく。

アメリカは、世界でもっとも裕福で強力な国だ。

アメリカはそのような価値の転換を導いていくことができるはずだ。われわれが国家としての死を望むのでない限り、優先順位を組み替え、戦争ではなく平和の追求を優先することに、何ら問題はないはずだ。

……真の意味で価値が転換するとは、つまるところわたしたちの愛が世界のどこか一部分ではなく、全体に向けられるようになることだ。これからはすべての国が、人類全体への帰属意識を育てていかなければならない。個々の社会が最良の果実を享受するために。

エッセイ

「見えない人間」とプライド

屋代通子

七つの大罪シリーズのなかで、唯一書き手が黒人であった『プライド』を、格別の思いをもって読んだ。それはひとつには、訳者が一五年ほど前から大きな心のよりどころとしている考え方――人は誰しも力があり、大切な存在であり、その力が発揮されていないのは、社会が封じ込めているからであって、わたしたちは大きく価値観を転換させて、見えなくされているその力を再び見出さなければならないというエンパワメントの思想――の背景に、黒人の公民権運動があったからだ。

現代の日本であっても、女性として生きることの生きづらさ、あるいはたとえば「母」という座に縛られてしまう息苦しさを――白人社会のなかの黒人の立場になぞらえることなどできるはずもないけれども――日々味わいながら生きていて、無価値と思われていたなかに価値を見出す、無力と思われていたものにこそ力を見出す、という考え方はとても爽快なものだった。その核になるのが人権意識だ。

　ここ数年、訳者は虐待や家庭内の暴力、貧困など、家庭が十分に家族として機能していないなかで（あるいは家族と離れて）育ち、自立に困難を抱える若い人たちのサポートに携わってきた。

　暴力も貧困も、さまざまな形で人権を踏みにじる。残念ながら、そのサポートの過程でも、人権は往々にして踏みにじられていく。援助と被援助というのもあらかじめ権力関係だからだ。

　人権を具現するというのは、つまるところ、自分について知り、自分で考え、自分に関して自分で選択して決定できることであると思うのだが、とりわけ子どもに関しては、当事者の関知しないところで物事が決定されてしまう場合も少なくない。

　またこれは虐待された子どもに限らず、ドメスティック・バイオレンスの被害者やセクシャル・ハラスメントの被害者の場合にも共通して言えることだが、加害―被害の関係から逃れるために、被害者の側が多分に犠牲を払うケースが少なくない。暴力を加えた側が引き離されて罰せられるのではなく、暴力から守られるためとはいえ、暴力を受けた側のほうがそれまでの環境から引き離され、ひとりだけ別の場所に追いやられる。虐待から保護されて施設や里親に託された子どもが、「自分が悪いことをしたから、罰として」家から出されたと思わずに済むことはむしろ稀だ。

そうした現場に身を置いていると、人権を剥奪された人たちの人権の回復を支援しているつもりが、人権とはなんだったかということさえ、ふと見失いそうになる。

けれども『プライド』の刊行を前にして校正作業をしているさなかに参加した貧困の研究会で、貧困の状態に置かれている人々がダイソンの描きだす黒人の姿と二重写しになり、目を開かされる思いがした。

この研究会では、貧困に関する言説は、圧倒的に非貧困者によってつくられる、ということが話題のひとつだった。貧困者に対し、同情的な言説(「お金がなくて、住むところもなくて気の毒」――のような)であれ、侮蔑的な言説(「根気がないから仕事が長続きしない」――のような)であれ、貧困の立場にない人が支配的に産み出す言説は、貧困の立場にある人たちを客体化し、相対化し、対象であるかのように扱う。自分たちを語る言葉を自分たちでもたず、他者によって決めつけられ、その関係のなかで疎外されていくことがもたらす烙印《スティグマ》――それはあまりにも、ダイソンの描く黒人の姿と似ていないだろうか。

「(自分は) 見えない人間だ、それは連中が見たくないからだ」と引用されているのは黒人を指しているかもしれないが、貧困の立場にある人々にも、この言葉はそっくりそのままあてはまる。わたしたちは「黒人」という人たちがいることは知っている。けれども彼らが何を思い、どう行動しようとする人々であるかは知らないし、見ようともしない。同様に、貧困の状態にある人々がいることは知っている。けれどもその声を聴こうとは、していない。貧困の状態にある人々だけではないだろう。本書にもアイデンティティ政治への言及があるが、この社会には、さまざまに、見えない存在におかれている人々がいる。

貧者、女性、そしてとりわけ子ども。

わたし自身、無辜《むこ》の民という意味では「見えない」人間だ。

「画期的に価値が転換」し、「見えない人間」が社会からおおいに「見える」ようになることが必要だとずっと思ってきた。「見えない」人々の声はあまりにも小さいので、聴いてもらえるようになるには、少しばかり目立たねばならない。けれども、もしかしたら、「見えない」ままで、そのプライドのもとに立つことができるのかもしれない。わたしたちは、力もなく、声もなく、名もない小さな存在だ。けれどもだからこそ、同じように力もなく、声もなく、名もない小さな人々に思いを馳せ、寄り添うことができるのだ、と。

そして、そのすべてをつなぐ大元のところに、「人権」という二文字がしっかりと根付いていなければならない。難しい理屈ではなく、どんな人も大切にされていい、そしてどんな人も自分のことは自分で決めていい（だからといって、自分で決めたじゃないかと突き放されることなく）という意味での人権が。それがなければ、ひとりひとりのプライドをまた見失ってしまうかもしれない。

この本が書かれたとき、まだ黒人大統領は誕生していなかった。訳していたときも、まだ誕生前だった。オバマ氏が大統領に当選したとき、急いで出版しようかという話が出た記憶もある。

そうはならず、いまこのとき、この文章を書くチャンスが与えられたことに感謝したい。

翻訳者という黒子の立場でありながら仕事の遅い訳者に、根気よく仕事を与え続けてくださる築地書館の土井社長と、編集担当の宮田可南子さんに、お礼を述べるチャンスが与えられたことにも、感謝したい。

そして、とても個人的なことで恐縮だけれども、いつもわたしの訳稿の最初の読者になってくれる夫にも。

黒人のプライドをもとに書かれながら、とても普遍的な本書のメッセージが、出来る限り多くの人に届きますように。

屋代通子

参考文献　ルース・リスター著『貧困とはなにか』立木勝訳・松本伊智朗監訳（明石書店）

著者紹介

マイケル・エリック・ダイソン

Michael Eric Dyson

1958年アメリカ、デトロイト生まれ。
ジョージタウン大学教授。
神学、英語学、アフリカン・アメリカン研究を教える。
専門の分野に限らず、戦争、暴力、公民権運動、ヒップホップ、
ハリケーン・カトリーナから人種差別政策まで、幅広く論じている。
黒人向け月刊誌の米『エボニー』誌では、
「最も影響力のあるアフリカ系アメリカ人100人」のひとりに
選出された。

訳者紹介

屋代　通子

やしろ　みちこ

1962年兵庫県西宮市生まれ。横浜育ち。
大学で国語学を学んだ後、出版社で翻訳校正業務に携わり、
翻訳の道に入る。
現在は札幌市在住。
主な訳書に『シャーマンの弟子になった民族植物学者の話』上・下、
『オックスフォード・サイエンス・ガイド』（以上築地書館）、
『子ども保護のためのワーキング・トゥギャザー』（共訳・医学書院）、
『マリア・シビラ・メーリアン』（みすず書房）
などがある。

プライド　アメリカ社会と黒人

2011年6月15日　初版発行

著者　マイケル・エリック・ダイソン
訳者　屋代通子
発行者　土井二郎
発行所　築地書館株式会社
〒104-0045
東京都中央区築地7-4-4-201
TEL 03-3542-3731　FAX 03-3541-5799
http://www.tsukiji-shokan.co.jp/
振替　00110-5-19057
印刷・製本　シナノ印刷株式会社
イラストレーション　Hulot 636
装丁　今東淳雄（maro design）

 ISBN 978-4-8067-1423-1 C0036

●7つの大罪シリーズ　好評既刊●

嫉妬の力で世界は動く

ジョゼフ・エプスタイン［著］
屋代通子［訳］
1500円＋税

俗物研究者としても定評のある著者が、
ありとあらゆる嫉妬エピソードを紹介。
嫉妬と向き合うためのヒントも
満載の一冊。

「『嫉妬』という感情に嫉妬したくなる
……何て複雑で奥が深い感情なのだろうか」
巻末エッセイ　香山リカ

PRIDE